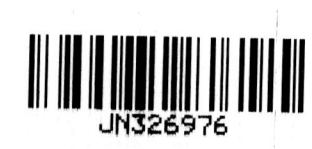

AYUMI'S
outdoor cooking

おしゃれなのに、簡単！ 92レシピ

AYUMIのアウトドアクッキング

AYUMI

講談社

はじめに

こんにちは、AYUMIです。
普段はモデルとして活動していますが、9歳の息子と5歳の娘の母親でもあります。だんなさんが元々アウトドアが好きで、息子が4歳になった頃、家族でキャンプデビューをしました。それまでキャンプに興味がなかったのですが、一度行ってみると楽しくて……！　自然の中、子どもたちは自由に遊び、私とだんなさんは……お酒を飲んだり、料理をしたり、子どもたちと遊んだり、本を読んだり。それはとても心地のいい時間。今では年に3回ほど、できるときは連泊してキャンプを楽しんでいます。
普段から料理をするのが大好きな私。外の開放的なキッチンで料理をするなんて、もう最高！　とはいえ、自宅のキッチンとは勝手が違うので、面倒なこともあります。でも、外でみんなで食べるごはんのおいしさと気持ちよさを思うと……頑張れちゃうんですよね！
キャンプを始めた頃は、もっと手間のかかる料理を作っていた気がします。でも、今は考え方が少し変わりました。子どもたちとも一緒に遊びたいし、ゆっくりとした時間も過ごしたいので、最近はキャンプで作る料理が、どんどんシンプルになっていきました。外でのごはんは気持ちがいいし、何を食べてもおいしい！　せっかく自然の中で食べるんだから、素材そのものの味を大切にしたシンプルな調理法を心がけて。それが私にとって“豊かなこと”だと感じるようになりました。
どれもおいしくて簡単な料理をご紹介します☆

AYUMI

アウトドアクッキング5ヵ条

家ごはんと違って、アウトドアクッキングをする際には、
いくつかのルールがあります。覚えておくと、
メニューを組む際や食材を買う際にも役立ちますよ。

1 □ 調理道具は少なく

キャンプは何もないところに衣食住を持ち込むので、とにかく荷物が多くなります。だから調理道具は事前に決めたメニューに合わせたものだけを持っていきましょう。

2 □ 簡単に作れる料理を選ぶこと

あまり時間のかかる料理だと、調理ばかりに時間を取られてしまいます。また、キッチンの設備も自宅ほど整っていませんから、簡単に作れる料理を選びましょう。旬の食材を使うのがおすすめです。

3 □ アレンジがきく

1食で完結してしまうメニューばかりを選んで、3食ともゼロから作るのは大変です。せっかくキャンプに来たのに一日中料理をしていた、という初心者キャンパーは多いはず。1食作れば、次の食事に使い回しができるメニューを選ぶといいですよ。

4 □ ごみや汚れ物を極力出さない

キャンプ場は、ごみ持ち帰りのところも多いので、極力ごみは出さないほうが◎。それに自然の中で料理や食事をしているので、自然にやさしくしたいですよね。だからごみを出さない工夫を心がけています。

5 □ 楽しく、みんなで食べられるものを

キャンプは、1つの場所をたくさんの人たちで共有します。だから隣のテントの人からごはんをおすそ分けしてもらったり、夜、一緒に焚き火を囲んで飲んだりすることもしばしば。だから相手が遠慮するような高い食材や手間のかかる料理よりも、“みんなで楽しく気軽に”食べられるメニューを作るようにしています。

contents

＊計量の単位は、カップ1＝200㎖、1合＝180㎖、大さじ1＝15㎖、小さじ1＝5㎖です。

＊調理時間はあくまでも目安です。器具の火力などにより、異なる場合がありますので、ご了承ください。

column

AYUMIの1泊2日

アウトドア クッキングルポ

実際に、私がキャンプで、どんな流れで、どんな料理を作っているかをご紹介します。これはあくまでも一例ですが、全体の流れを知っておくと、いざ実践するときも“予測”がつくので、スムーズにできますよ。

[1日目]

11：30

お昼は「AYUMI式焼き肉」！

キッチンを設営したら、炭火をおこし、お肉を焼き始めます。

どんどん焼くよ～

スーパーマーケットで買ったお肉も、炭火で焼くと遠赤外線の力で絶品に！

子どもたちは遊びながら、ごはんができるのを待ちます

だんなさんがテントやタープを設営したり、私が料理をしている間、子どもたちは気がつくと違うテントの人たちのところへ。キャンプは同じ場所を共有するレジャー。だから挨拶もして、こうしてすぐに仲良くなれるんですよね。

※タープとは、キャンプで使われる、日差しや雨を防ぐための大きな布のこと。

ポトフは実は、前日の晩に自宅で作り、「サーモス」の保温鍋「シャトルシェフ」に入れて持ってきました。1品“すでに作ってあるもの”があると、手間が省けて本当にラク！

できましたよ～

■ AYUMI式焼き肉（P24参照）
■ 骨つき鶏のポトフ（P16参照）

昼ごはん

12：30

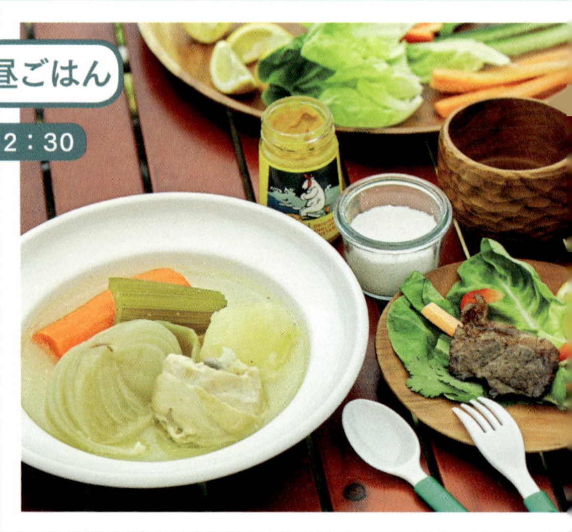

ポトフはごく薄味に作っているので、塩と大人用にマスタードを添えて。お肉は、まったく下味をつけずに焼いているので、こちらも食べるときに塩をふります。

もちろん、この時間から飲みます（笑）！

キャンプで何が楽しみって、“テント設営後に乾杯”！ だんなさんも私もお酒大好き。まずはビールで乾杯します。

食べ終わった食器は、ラバーバケツへ

テーブルも狭いので、空いた食器はどんどんラバーバケツ（P69参照）に入れていきます。

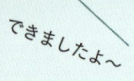

13：30

食事が終わったら、すべての食器をラバーバケツに入れて、共有施設の水場兼調理場へ。

たいていのキャンプ場は水しか出ません。その水がかなり冷たいので、ゴム手袋（P69参照）は必需品！　洗い終わった食器は、ラバーバケツの中に戻します。

水も調達

洗い物のついでに、晩ごはんを作るときに使う水も調達。あまりに水場が遠いときは、大きな水タンク（P66参照）を持っていきますが、近い場合は、写真のような1ℓサイズのウォーターボトルを1〜2本持っていき、済ませています。

おつまみ

14：30

作っているのは……

- アヒージョ・たこ×マッシュルーム（P43参照）
- 油揚げののっけ焼き・ねぎみそ（P33参照）

焼いた油揚げにビール。たまらないんだよなぁ！

包丁とまな板を取り出すまでもないとき、役に立つのがキッチンばさみ（P66参照）。油揚げを切ったり、燻製を切るときにも使っています。

炭火料理を楽しんで

昼ごはんを食べ終わったら、晩ごはん作りに取りかかるまでの間、ゆっくり過ごします。子どもたちも、自由に遊んでいるので（でもキャンプ場での事故も多いので、絶対に目は離しません！）、私とだんなさんは、残った炭火でおつまみを作りながら、お酒を飲みます。

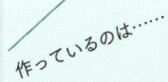

AYUMIの1泊2日

アウトドアクッキングルポ

16：30

日が完全に落ちる前に晩ごはんの準備を

キャンプ場は、日が落ちると真っ暗になります。もちろんランタンの明かりなどありますが、やはり調理しにくいので、16～17時頃には下準備をしておきます。この日の晩ごはんは「アクアパッツァ」なので、鍋に材料を入れ、あとは火にかけるだけの状態にしておきます。

17：00

だんなさんが焚き火をおこします

日が落ちると真っ暗になり、気温が下がるので、明かりと暖を取るためにも、日が傾いてきたら、焚き火をおこします。火おこしは、だんなさんが担当です♪

焚き火にあたりながらティータイム

晩ごはんの「アクアパッツァ」の下準備は終わっているので、こんなふうにゆっくりした時間を持てます。アウトドアクッキングは、"先を見越して"行動しないと、キャンプに行っても、四六時中ごはんの支度に追われることになるので、要注意です。

「焼きマシュマロ」（P20参照）を始める子どもたち

何度もキャンプを経験してきているので、焚き火を見たら、子どもたちから「お母さん、マシュマロ焼こう！」の声が。「ごはん前だから、1個だけにしようね」

18：00

メインの「アクアパッツァ」もいい感じに！

そろそろ18時……下準備が済んでいた「アクアパッツァ」を火にかけ約15分で完成！　おいしそうな湯気が立っています。

晩ごはん

18：30

- アクアパッツァ（P50参照）
- 骨つき鶏の
ポトフ＋クスクス（P16参照）
- にんじんのラペ
（P60参照）

晩ごはん、完成

メインは「アクアパッツァ」。昼ごはんのポトフの残りのスープをアレンジして豪華な晩ごはんに。パンは行きがけに、地元のパン屋さんで買ってきました。

みんなでゆっくり晩ごはん

ワインも開けて……家族みんなで、のんびりおしゃべりしながら、晩ごはんスタート。このあと、子どもたちは眠くなったら、自分たちでテントに入って寝てしまいます。私とだんなさんは、再度焚き火をおこして飲むときもあれば、ざっと片付けて寝てしまうことも。

AYUMI's
advice

夜は疲れてしまって、洗い物をしないこともあります。そんなときは、食材＆汚れた食器は必ずすべてテントの中に片付けて。キャンプ場は山の中にあるので、野生動物はもちろん、野良猫がやってくることも！　くれぐれも食材の管理はしっかりと！

［2日目］

7：30

朝ごはんの支度を始めます

キャンプの朝は、だいたい6時～7時に目が覚めます。顔を洗ったら、朝ごはんの準備。私が「しょうがたっぷり豚汁」を作っている間に、まだ残っている炭で、子どもにお餅を焼いてもらいました。

※子どもに火を使う料理のお手伝いをさせるときは、大人が目を離さないようにしてください。

朝ごはん

8：00

- しょうがたっぷり豚汁（P19参照）
- 焼き餅
- きゅうりのみそサラダ（P59参照）

できました、朝ごはん！

朝ごはんは簡単に。朝、汁物を作って余ってしまったら持ち帰ります。そんなときも保温鍋の「シャトルシェフ」が活躍。

キャンプ場での最後の食事

8時頃から食べ始め、終わるのは9時ちょっと過ぎ。キャンプ場のチェックアウトはまちまちですが、だいたい11時。食後は、昨夜使った食器や鍋があったら、一緒に一気に片付けをします。

AYUMI's
advice

11時にチェックアウトをしたあとは、帰り道沿いの温泉に立ち寄り、そこで昼ごはんも食べて帰宅することが多いです。

アウトドアクッキングアルバム

最近行ったキャンプで作った料理をご紹介します！　外でのごはんは、みんなの楽しみ♪　簡単だけど喜んでくれそうなごはんを作るように心がけています。

ある年の8月末、お友達家族と山梨キャンプ

私が料理担当！　みんなの「おいしい！」の声がうれしくて、がんばりました！

春巻きピザで簡単ランチ

昼ごはんに春巻きピザを作りました。2～3枚重ねた春巻きの皮にトマトソースを塗り、ベーコン、パプリカ、チーズを散らして焼くだけ。その場にあるもので作ったレシピでしたが、子どもたちに好評でした！

ダッチオーブンと「シャトルシェフ」が大活躍！

ダッチオーブンは、これ一台で、焼く、煮る、炒める、蒸す、揚げるができる鍋。この日は、丸鶏のダッチオーブン焼きを作りました。保温調理ができる鍋「シャトルシェフ」も、便利です。初物の栗を使って、栗ご飯を炊きました。

青空キッチン♪
外での料理はとても気持ちいい！

燻製は作っておくと何かと使えて便利

初心者は、道具もなく、時間の余裕がないので難しいですが、慣れてきたらぜひ挑戦してほしいのが、燻製（P62参照）。水けの少ない食材ならなんでもおいしくできます。それに、空き時間に作っておくと、あとでおつまみにもなり、翌日の朝ごはんにも使えるんですよ。

鶏むね肉の燻製は、翌朝、目玉焼きを作るときに一緒にフライパンに入れて、温めます。これにパンを添えれば立派な一食に。

ほうとうにハマっています！

山梨のキャンプ場だったので、地元のスーパーマーケットにほうとうがたくさん売っていたんです。今まで、ほうとうはお店で食べたことはあっても、自分で作ったことはありませんでした。でも、作ってみると、簡単＆手間なし、しかも野菜も炭水化物もスープも一度に食べられるので、まさにキャンプ向き！　それ以来、キャンプでも家でも、よく作っていますよ。

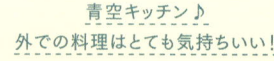

ある年の5月、お友達家族と八ヶ岳キャンプ

ファミリー3組で行くキャンプでは、子どもたちも楽しめるメニューを取り入れました。

仲間と行くキャンプでは、華のあるメニューも大切

ここでも「アクアパッツァ」(P50参照)を作っていますね(笑)。お友達とキャンプに行くときは、こういう“華のあるメニュー”が1つあると、盛り上がりますよ。「アクアパッツァ」は、見た目とは裏腹に、とにかく簡単なので、ぜひ取り入れてほしいメニューです。

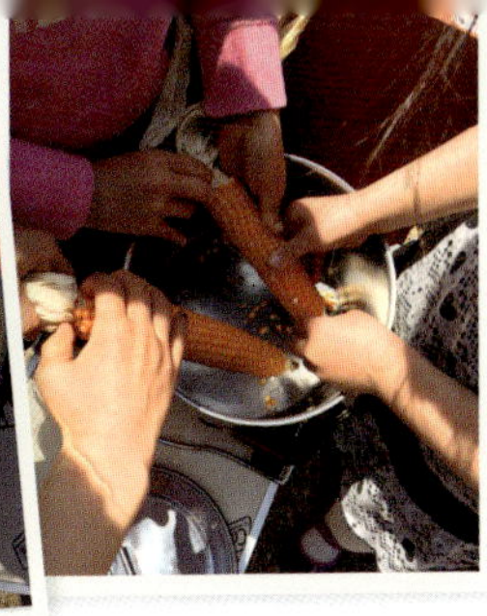

おやつは、子どもたちが作る「ポップコーン」

来る途中の道の駅で、ちょうど芯つきのポップコーン用のコーンを見つけたので、買ってみました。それで子どもたちと「ポップコーン」(P21参照)を作ってみたらみんな、大喜び!

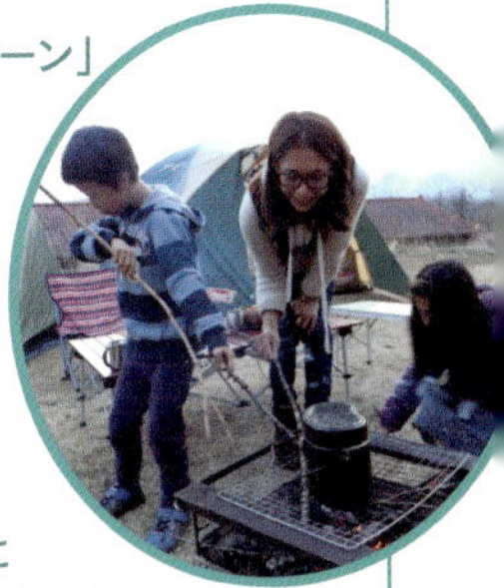

焚き火台で、炭火焼き

焚き火の火が落ち着いたところに、ラムや、しょうゆをさっとかけたおにぎりを置いて、焼いているところです。北海道出身の私とだんなさんは、ラムが大好き! 幼い頃から食べ慣れているお肉なんですよ。

久しぶりに見ました、飯ごう!

お友達家族が持ってきてくれたのですが、うちの子たちははじめて見る飯ごうに興味津々。「こんなふうに使うんだよ」とお友達家族が、飯ごうを使ってお米を炊いてくれましたよ。

ある年の11月、家族と伊豆キャンプ

このときは家族だけでのキャンプ。簡単メニューにして、ゆっくり過ごしました♪

ときには買ってきたものだけでバーベキュー

キャンプはとくに予定がないので、テント設営後は、まず一杯♪ 来る途中で寄ったスーパーマーケットで買った、生の焼きとりを炭火で焼いておつまみに。このあと干し芋も焼いて食べましたよ。

冬キャンプで食べるお鍋、最高です!

海の近くのキャンプ場だったので、スーパーマーケットもおいしそうな魚介類であふれていました。そんなときは迷わず海鮮で。たらと白子、かにを買い、それを水炊きにしました。

キャンプの新たな鉄板料理に仲間入り

今まで家で作ったことはあったのですが、このとき、キャンプではじめて「サムゲタン」(P51参照)を作りました。材料は事前に計量し、ファスナーつき保存袋に入れて持参。あとは材料を鍋に入れ、煮るだけで完成。簡単なのに味は本格的。今後もキャンプでの出番が増えそうです。

ファミリーキャンプにおにぎりは必需品

私、キャンプでもしょっちゅうご飯を炊いて、残ったらおにぎりにしています。小腹が空いたときにつまめるから便利なんです。

outdoor cooking

part

1

初心者はまずここから アレンジのきくスープレシピ

初心者キャンパーに、いちばんおすすめなアウトドア料理がスープです。スープは作るのが簡単でアレンジもでき、“一石二鳥”なのがいいところ。最初はパンやご飯を合わせて楽しみ、残りは味を変えたり、麺類を入れて別メニューとして楽しむことができるんですよ。だからこそ、たくさん作っておきましょう。アウトドア料理に慣れるまでは、一度に多くのメニューを作るのではなく、こうしたアレンジのきくメニューを1つ作るといいですよ。

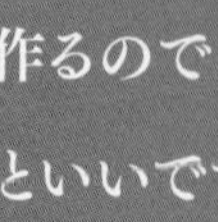

OUTDOOR COOKING

コンソメ不要！ 野菜の甘みを
生かしたシンプルレシピ

ミネストローネ

夏キャンプのときによく作るメニューで、子どもたちも大好き！ トマト缶じゃなくて、生のトマトを使ったり、旬のズッキーニやなす、ブロッコリーを入れてもいいですよ。

材料［ 4人分 ］

ベーコン … 100g
玉ねぎ … 1個
にんじん、セロリ … 各1本
ホールトマト缶 … 1缶
にんにく … 1かけ
オリーブオイル … 大さじ1
ローリエ … 1枚
水 … 800mℓ
塩 … 小さじ1

作り方

1 ベーコンは1cm角に切る。にんにくは皮をむき、薄切りにする。にんじん、玉ねぎは皮をむき、1cm角に切る。セロリは筋を取り、1cm角に切る。
2 鍋にオリーブオイルとにんにくを入れて熱し、香りが出てきたらベーコンを炒める。ベーコンに油がまわったら、1の残りの野菜をすべて加え、しんなりするまで炒める。
3 ホールトマト、ローリエ、分量の水、塩を加え、途中、トマトをくずしながら約20分煮込む。
4 味を見て、塩けが足りなければ塩（分量外）で好みの味に調える。

ARRANGEMENT

＋カレールウで
【ミネストローネカレー】に

残ったミネストローネにカレールウを溶かせば、トマトベースのカレーに変身。カレー粉をふれば、スープカレーになります。いろんなアレンジを楽しんでみてね。

AYUMI's
advice

味を変えたくないときは、ご飯を加えてリゾット風にしたり、ゆでたショートパスタを加えてからめても！

OUTDOOR COOKING

水と塩で煮ただけなのに、
うそみたいなおいしさ！

骨つき鶏のポトフ

作り方はとっても簡単。材料を切り、水と塩で煮込むだけ。鶏骨つき肉からおいしいだしがたっぷり出るので、余計な調味はいりません。キャンプにさまざまな調味料を持っていくのは、面倒ですものね！

材料［ 4人分 ］

鶏骨つきぶつ切り肉 … 500g
にんじん … 大1本
じゃが芋 … 小4個
玉ねぎ … 2個
セロリ … 2本
水 … 1.2ℓ
塩 … 小さじ1

作り方

1 にんじんは皮をむき、4つに切る。じゃが芋は皮をむく。玉ねぎは根を切り落とし、半分に切る。セロリは筋を取り、にんじんの長さに合わせて切る。
2 鍋に**1**と残りの材料をすべて入れ、中火で約30分煮込む。途中あくが出たら取る。
3 味を見て、塩けが足りなければ塩（分量外）で好みの味に調える。

＋クスクスで
【食べ応え満点のスープ】に

本来クスクスは、同量の湯と一緒に器に入れてふやかしますが、アウトドアクッキングでは省ける手間はどんどん省きます。そのままスープに加えて一煮立ちさせればOK！仕上げにオリーブオイルを回しかけるのも、コクが出ておすすめ。

ARRANGEMENT

これがクスクス

世界最小のパスタ。ゆでる必要がなく、スープや煮込み料理と相性がいいのが特徴。

AYUMI's
advice

大きな具をおかずとして食べ、残ったスープにナンプラーを加え、ゆでたフォーやそうめんを入れるのもおすすめ。シンプルなスープなので、塩やしょうゆ、みそなどを加えれば、ラーメンスープとしても使えますよ。

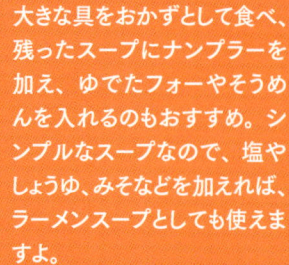

OUTDOOR COOKING

缶詰を使うから簡単！
でも味は本格派

豆乳クラムチャウダー

缶詰に根菜、豆乳……冷蔵する必要がないので、材料がクーラーボックスを占領しないレシピです。生のあさりを使わなくても充分おいしいし、殻のごみが出ないのがうれしいですね。

材料［ 4人分 ］

あさりの水煮缶
　… 1缶（130g）
玉ねぎ … 大1個
にんじん … 1本
じゃが芋 … 1個
豆乳 … 500mℓ
バター … 大さじ2
水 … 200mℓ
塩 … 小さじ1

作り方

1. 玉ねぎ、にんじん、じゃが芋は皮をむき、1cm角に切る。
2. 鍋にバターを入れて熱し、バターが溶けたら1をすべて入れ、炒める。
3. 野菜がしんなりしてきたら、あさりを缶汁ごと加える。分量の水と塩を加え、中火で約10分煮る。
4. 野菜が柔らかくなったら、豆乳を加える。軽く混ぜ、豆乳を全体にいきわたらせる。
※沸騰させないように注意。
5. 味を見て、塩けが足りなければ塩（分量外）で好みの味に調える。

ARRANGEMENT

＋ご飯で【リゾット風】に

スープにご飯を加えて火にかけ、一煮立ちさせたら完成。仕上げにパルメザンチーズを包丁で削り、黒こしょうをかけても。

OUTDOOR COOKING

ほっとするやさしい味わい。
冷めてもおいしい

根菜の塩麹スープ

材料も手間も最低限だから、みそ汁よりも簡単に作れるレシピ。一度冷ましてから、温めなおすと野菜の甘みが増し、さらにおいしくいただけます。油を使っていないので、後片付けもラクちん。

材料［ 4人分 ］

ごぼう … ½本
にんじん、さつま芋
　… 各小1本
れんこん … 1節
水 … 1.2ℓ
塩麹 … 大さじ2

作り方

1. ごぼうはたわしで洗い、5mm厚さの輪切りにする。れんこん、さつま芋は、皮つきのまま5mm厚さの輪切りにする。にんじんは皮をむき、5mm厚さの輪切りにする。
2. 鍋に1と分量の水、塩麹を入れ、野菜が柔らかくなるまで中火で約15分煮る。
3. 味を見て、塩けが足りなければ塩（分量外）で好みの味に調える。

ARRANGEMENT

＋焼き餅で【お雑煮風】に

炭火などで切り餅を焼き、よそったスープにのせるだけ。簡単なのに食べ応えが増すアレンジなので、翌日の朝ごはんにぴったり。

OUTDOOR COOKING

冷え込むキャンプの夜に
ぴったりのあったかスープ

しょうがたっぷり豚汁

キャンプ場の夜はぐっと冷えます。そんなときは、みそ×しょうがのダブルパワーで体の芯から温まる汁物をどうぞ。うどんやお餅を入れても合いますよ。

材料［ 4人分 ］

豚こま切れ肉 … 300g
大根 … ¼本
にんじん、ごぼう … 各小1本
白菜 … 2枚
糸こんにゃく … 1袋（180g）
しょうがのすりおろし … 大さじ1
長ねぎ … ½本
水 … 2ℓ
だしパック … 1袋
みそ … 適量
菜種油（なければサラダ油でも可）
… 大さじ1

作り方

1 白菜と豚肉は食べやすい大きさに切る。大根は皮をむき、いちょう切りに、にんじんは皮をむき、乱切りにする。ごぼうはたわしで洗い、ささがきにして水にさらし、あくを取る。長ねぎは1cm幅の斜め切りにする。
2 鍋に油を熱し、豚肉、糸こんにゃく、大根、にんじん、ごぼうを入れて、大根が透き通るまで炒める。
3 だしパックと分量の水を加え、あくをすくい取りながら中火で約10分煮る。
4 根菜に火が通ったら、長ねぎ、白菜、しょうがを加える。
5 みそを溶き入れ、一煮立ちさせ、火を止める。

AYUMI's
advice

小口切りにした万能ねぎをのせたり、七味唐辛子をふれば大人向けに。

ARRANGEMENT

＋すいとんで【すいとん汁】に

すいとんをスプーンですくい、火にかけた豚汁の鍋に落とす。約5分煮込んで浮いてきたら、完成。

すいとんの作り方

材料［ 4人分 ］

小麦粉 … 200g
塩 … 1つまみ
水 … 220mℓ

作り方

①小麦粉と塩を混ぜ合わせる。②分量の水を加える。③なめらかになるまでスプーンで混ぜ、すくって火にかけた汁に入れる。

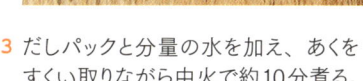

column 01

子どもたちが喜ぶ
アウトドア デザートクッキング

アウトドアで作るデザートは、ごくごく簡単なもの。小学生になれば、作れるようなものばかりです。子どもたちも、“自分たちで作った”というスペシャル感が加わると、うれしそうです。

キャンプのときの
鉄板デザート

焼きマシュマロ

オレンジ色をした“本物の火”で、自分であぶりながら食べるのがとにかく楽しいみたい。トロリとした食感になるので、くれぐれもやけどには気をつけてくださいね。

材料［ 4～6人分 ］

マシュマロ（大）… 1袋（150g）

作り方

長めの串などにマシュマロを刺し、軽く全体に色づき、少し溶けるまで、焚き火の火であぶる。

輸入食材店などで取り扱いのある「ロッキーマウンテン」のマシュマロが大きくて、串に刺しやすいですよ。

正統派のレシピは、マシュマロをビスケットにのせたあと、もう1枚のビスケットではさみますが、ボリュームがすごいので、私は“のっけ食べ”にしています。

甘いけど、クセになりそう！

AYUMI流スモア

アメリカでは、キャンプファイヤーで必ず作られる伝統的なおやつ。1つ食べると子どもたちが、必ず「Give me some more！(もう1つちょうだい！)」と言うことからこの名前がついたそう！

材料［ 4個分 ］

マシュマロ … 4個
板チョコレート … 4かけ
グラハムビスケット … 4枚

作り方

1 長めの串などにマシュマロを刺し、軽く全体に色づき、少し溶けるまで、焚き火の火であぶる。
2 ビスケットの上にチョコレートをのせ、焚き火網の上にのせる。
3 2のチョコレートが軽く溶けたら1をのせて食べる。

こんなふうに焚き火の上にのせた網の上に、ビスケットの上にチョコレートをのせたものを置きます。焼くというより、温めてチョコレートを溶かす感覚で。あまりに火であぶるとチョコレートが溶ける前にビスケットが焦げてしまいます。

おいしい♪

牛乳を入れて作るので、
固まりにくいソースです

チョコレートフォンデュ

ディップしながら食べるのが楽しい！　マシュマロやカステラ、ドライフルーツなども具としてどうぞ。

材料［ 5人分 ］

パイナップル … ½個
バナナ … 3本
いちご … 15個
板チョコレート … 5枚
牛乳 … 130mℓ

作り方

1 パイナップルは皮をむき、一口大に切る。バナナは皮をむき、1.5cm厚さの輪切りにする。いちごはへたを取る。
2 チョコレートは細かく刻む。
3 小鍋に牛乳を入れ、火にかける。弱火で温め、沸騰する直前に**2**を少量ずつ加え、混ぜながら溶かす。
4 **1**に**3**をつけながら食べる。

子どもたちに作らせて

ひたすら振るだけで完成♪

ポップコーン

できたてのポップコーンは、袋に入って売られているポップコーンとは比べものにならないおいしさ！　家でもよく作ります。簡単なので、大人がそばについていれば6歳くらいから自分で作れますよ。

材料［ 4人分 ］

ポップコーン用のコーン … 50g
菜種油（なければサラダ油でも可）
　… 大さじ2
塩 … 小さじ1

作り方

1 鍋にコーン、油、塩を入れ、ふたをする。中火にかけながら鍋を振る。
2 途中、ポンポンと中でコーンがはじける音がするが、鍋を振り続ける。この音がしなくなったら完成。
3 味を見て、塩けが足りなければ、塩（分量外）で好みの味に調える。

季節のフルーツを
たっぷり使って

フルーツポンチ

サイダーや、ぶどう＆りんごジュースで作っても、甘くておいしいですよ。大人向けならスパークリングワインで作るのもおすすめ。

材料［ 4人分 ］

りんご、キウイ、オレンジ、
　レモン … 各1個
バナナ … 2本
ミント … 適量
炭酸水（無糖）… 500mℓ

作り方

1 りんごは皮つきのまま、キウイは皮をむき、いちょう切りにする。オレンジは皮をむき、一口大に切る。バナナは皮をむいて1cm厚さの輪切りに、レモンは薄い輪切りにする。
2 ボウルに**1**とミントを入れ、炭酸水を注ぐ。

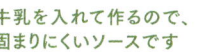

outdoor cooking

part

2

焚き火や炭火を使った焼き物レシピ

「自分で火をおこしたり、炭に火をつけるなんて大変じゃない?」と思うかもしれませんが、着火剤や炭火着火専用のカセットガス式トーチバーナーを使えば、女性でも簡単に火をおこせます。焚き火＆炭火のレシピは、どれも焼くだけの簡単なものですが、遠赤外線パワーのおかげでとってもおいしくなるのが大きな特徴。カセットコンロやガスバーナーなど便利な調理道具を併用しながら、ぜひ焚き火＆炭火料理を楽しんでみてください。

mont-bell
Coleman

焼くだけ！ レシピ

最初は火をおこすだけでも大変ですから、初心者におすすめなのが、“焼くだけで済む”レシピ。「AYUMI式焼き肉」は、買ってきたお肉をそのまま焼けばいいだけなので、とにかく簡単です！

OUTDOOR COOKING

野菜と合わせて
食べることでヘルシーに

AYUMI式焼き肉

お肉は下味をつけずに焼き、好みで塩やレモン汁をふっていただきます。このほうがラクなんですよ。また、キャンプで焼き肉をすると、食べすぎてしまいがち。野菜と一緒に食べればヘルシーだし、胃もたれ予防にもなります。

材料

市販の焼き肉用の肉
（牛肉、豚肉、ラムなど好みのもの）
… 各適量
リーフレタス、青じそ、きゅうり、パプリカ、
にんじん、香菜《シャンツァイ》など … 各適量
塩、レモン汁 … 各適量

作り方

1 リーフレタスは食べやすい大きさにちぎる。青じそは茎を取る。きゅうりやパプリカ、にんじんはスティック状に切る。香菜はざく切りにする。
2 炭火をおこし、網をのせる。網が温まったら、肉を焼く。
3 レタスにそのほかの野菜を好みの分量のせ、**2**をのせて塩やレモン汁を軽くふり、巻いて食べる。

1

レタスの上に野菜とお肉を
たっぷりのせて……。

2

くるりと巻いて……。

3

いただきます！

具もパンも炭火で
焼くから極上のおいしさ

ARRANGEMENT

焼き肉バーガー

バーベキューで主食を別に作るのは手間がかかります。そんなときによく作るのが、このレシピ。

材料［ 1個分 ］

炭火で焼いた肉 … 2枚
イングリッシュマフィン … 1個
リーフレタス、玉ねぎの薄切り、トマトの薄切り … 各1枚
塩 … 少々
マスタード … 適宜

作り方

1 リーフレタスはパンの大きさに合わせて手でちぎる。マフィンはスリットに手を添え、2つに割る。
2 肉を焼いている網で、玉ねぎとマフィンも両面焼く。肉に塩をふる。
3 焼き目がついたマフィンに、リーフレタス、玉ねぎ、トマト、肉をはさむ。あればマスタードを塗ってもいい。

ARRANGEMENT

野菜嫌いの子どもも
これなら食べる！

ごちそう焼き肉サラダ

たっぷりの生野菜と食べると、本当においしくて。子どもたちにも大好評のサラダです。

材料［ 2人分 ］

炭火で焼いた肉 … 6枚
ミックスリーフ … 80g
アルファルファ … 30g
ミニトマト … 4個
塩 … 少々
A レモン汁 … ¼個分
　塩 … 少々
　オリーブオイル … 小さじ1

作り方

1 器にミックスリーフを盛り、アルファルファ、ミニトマトをのせる。
2 Aをよく混ぜ合わせて**1**にかける。
3 焼いた肉に塩をふり、**2**にのせ、野菜と合わせて食べる。

AYUMI's
advice

キャンプ場でドレッシングを作るのが面倒なときは、サラダに直接オリーブオイルをかけ、レモンをしぼり、塩をふったあと、よく混ぜ合わせればOK。

OUTDOOR COOKING

前日に仕込み時間が
ないときは、これで充分!

買ってきたもので簡単バーベキュー

買ってきた焼きとりやウインナーも、炭火で焼くと、びっくりするくらいおいしくなります。息子は、普段、ウインナーを食べませんが、なぜか炭火で焼くと食べるんですよ(笑)。

材料[2人分]

市販の焼きとり(塩)… 4本
さつま揚げ … 2枚
ウインナー … 6本

作り方

炭火をおこし、網をのせる。網が温まったら、両面または全体に軽く焼き目がつくまで、各材料を焼く。

焼きとりは、味にバリエーションをつけて楽しみます

一味唐辛子、ゆずこしょう、たたき梅などを添え、好みで焼きとりにつけて食べる。

ウインナーを使って、もう1品! ホットドッグ

ホットドッグ用のバンズに、手でちぎったリーフレタスと焼いたウインナーをはさみ、ケチャップをかければでき上がり。大人はさらにマスタードをかけても。

OUTDOOR COOKING

海が近いキャンプ場に
行ったら、絶対にこれ!

シーフード
バーベキュー

西伊豆のキャンプ場に行ったとき、地元で新鮮な魚介類を手に入れてバーベキューをしました。そのときのおいしさが忘れられなくて……。素材が新鮮だから、味つけは塩かしょうゆだけでOKです。

材料［２人分］

えび … ２尾
はまぐり … ４個
帆立て貝柱 … ２個
ししゃも … ６尾
しょうゆ … 適量
塩 … 適宜

作り方

1 えびはバーベキュー用の串を刺す。
2 炭火をおこし、網をのせる。網が温まったら、両面に軽く焼き目がつくまで、各材料を焼く。はまぐりは、口が開いたら、しょうゆを少したらす。
3 好みで塩やしょうゆをつけて食べる。

火を通すことで、
柔らかく＆食べやすく

アボカドの丸ごと焼き

「何でも焼いちゃおう!」というところから、偶然生まれたレシピ。熟していないアボカドもおいしく食べられます。

材料［２人分］

アボカド … １個
オリーブオイル、
　しょうゆ … 各小さじ１

作り方

1 アボカドは縦半分に切り、種を取り除く。
2 炭火をおこし、網をのせる。網が温まったら、アボカドの切り口を下にして焼く。
3 焼き色がついたら返して約２分焼く。
4 オリーブオイル、しょうゆをかけて食べる。

干し芋は、外はカリカリ、
中は甘みが増してしっとり

干し芋とベーコンのグリル

干し芋を炭火で焼くと、甘みが増し、おいしさがアップ!　そこへ塩けのあるベーコンを合わせることで、新たな味わいに。

材料［２人分］

干し芋 … ４枚
ベーコン … ４枚

作り方

1 炭火をおこし、網をのせる。網が温まったら、両面に軽く焼き色がつくまで、干し芋、ベーコンを焼く。
2 干し芋の上にベーコンを重ね、一緒に食べる。

OUTDOOR COOKING

洗い物なし！がうれしい

ホイル焼き

アルミホイルで食材を包み、焚き火や炭火にかける“ホイル焼き”。食材のうまみを逃さず、ふっくらジューシーに仕上がります。洗い物が出ないのも◎。

トマトがくずれるまで
火を通しても美味

トマト＆チーズ

材料［２人分］

トマト … １個
ピザ用チーズ … 大さじ２

作り方

1 トマトはへたを切り落とし、十字に切り目を入れる。
2 アルミホイルに**1**をのせ、切れ目を手で少し開き、チーズをのせて包む。
3 炭火をおこし、網をのせる。網が温まったら**2**をのせ、チーズが溶けるまで焼く。

薄切りにして焼いてもgood

山芋の梅おかかのっけ

材料［２人分］

山芋 … 7㎝
しょうゆ、削り節 … 各適量
梅干し … １個

作り方

1 山芋は皮をむき、5㎜幅に切る。
2 アルミホイルに**1**をのせて包む。
3 炭火をおこし、網をのせる。網が温まったら**2**をのせ、約12分火にかける。
4 アルミホイルを開き、削り節、しょうゆをかけ、梅干しを添える。梅干しをくずしながら、少しずつつけて食べる。

きのことチーズの
絶妙なハーモニー

しいたけ＆カマンベール

材料［２人分］

しいたけ … ４個
カマンベールチーズ … ⅓個
こしょう … 適量

作り方

1 しいたけは石づきを取る。カマンベールチーズは一口大に切る。
2 アルミホイルにしいたけの裏を上に向けてのせ、くぼみにカマンベールをのせ、包む。
3 炭火をおこし、網をのせる。網が温まったら**2**をのせ、約５分焼く。アルミホイルを開き、こしょうをふる。

北海道定番のおつまみ

塩辛じゃがバター

材料［２人分］

じゃが芋 … １個
バター … 小さじ１
いかの塩辛 … 大さじ１

作り方

1 じゃが芋は十字に切り目を入れ、アルミホイルで包む。
2 炭火をおこし、網をのせる。網が温まったら**1**をのせ、約20分焼く。
3 アルミホイルを開き、バターと塩辛を切れ目にのせる。

OUTDOOR COOKING

真夏のキャンプにぴったりな
エスニックフレーバー

つくね2種

夏はちょっとアジア風な味つけが、メニューに入ると新鮮です。サンバルソースやチリソースをつけながら食べるのもおすすめです。

合いびき肉にスパイスを
混ぜるだけ

エスニックつくね

材料［ 8本分 ］

合いびき肉 … 300g
クミンパウダー、コリアンダーパウダー … 各小さじ1
塩 … 小さじ½

作り方

1 ポリ袋などに材料をすべて入れ、スパイスがまんべんなく全体にいきわたるよう、もみ込む。
2 1を8等分して丸め、竹串を刺す。
3 炭火をおこし、網をのせる。網が温まったら2をのせ、中まで火が通るように全体を約10分焼く。

AYUMI's
advice

オリーブオイル少量を、手のひら全体になじませてからお肉を丸めると、肉が手につかず、きれいにできますよ。

旬ならフレッシュバジルを
使っても

バジルつくね

材料［ 4本分 ］

鶏ひき肉 … 300g
ドライバジル … 小さじ1
塩 … 小さじ½

作り方

1 ポリ袋などに材料をすべて入れ、バジルがまんべんなく全体にいきわたるよう、もみ込む。
2 1を4等分して楕円形にまとめ、竹串を刺す。
3 炭火をおこし、網をのせる。網が温まったら2をのせ、中まで火が通るように全体を約15分焼く。

OUTDOOR COOKING

前日に仕込めば、簡単

マリネ焼き

マリネ焼きは、キャンプ前日に仕込んでおけば、あとは現地に持ち込んで焼くだけ。簡単で、味のバリエーションも広がるので、重宝しています。

ヨーグルトにつけ込むから、
肉がふんわり柔らかく

タンドリーチキン

市販のタンドリーチキンの素を使わなくても、身近な材料で簡単に作れます。クミンパウダーはなくても構いません。焦げつきやすいので、焼くときは少し注意してくださいね。

材料［ 4人分 ］

鶏もも肉 … 1枚（300g）

A
- ヨーグルト … 大さじ3
- にんにくのすりおろし … ½かけ分
- カレー粉、クミンパウダー、塩 … 各小さじ½

作り方

1. 鶏肉は一口大に切る。
2. ポリ袋などに**1**を入れ、Aを加えてよくまぶし、冷蔵庫かクーラーボックスで30分から一晩おく。
3. 炭火をおこし、網をのせる。網が温まったら**2**をのせ、肉に火が通るまで焼く。

だんなさんも子どもも大好き!

豚ロース肉のジンジャーグリル

そのままご飯のおかずとして食べるのもいいけれど、パンとの相性も◎。キャベツと合わせてサンドイッチの具としても使えます。

材料[2人分]

豚ロースとんかつ用肉 … 2枚
A しょうがのすりおろし … 小さじ1
　酒 … 大さじ2
　しょうゆ … 大さじ1
レモン … 適量

作り方

1 ポリ袋などに豚肉を入れ、Aを加えてよくまぶし、冷蔵庫かクーラーボックスで30分から一晩おく。
2 炭火をおこし、網をのせる。網が温まったら1をのせ、肉に火が通るまで焼く。
3 器に盛り、レモンを添える。

さわやかな香りが食欲をそそる

シーフードのレモンマリネグリル

海鮮を引き立てるレモンとディルの風味を移して焼くので、シンプルながらも上品な味わい。ワインのおつまみとしてもぴったりです。

材料[2人分]

いかの胴の輪切り … 1杯分
帆立て貝柱 … 4個
A 塩 … 小さじ1
　酒 … 大さじ1
　レモンの輪切り … 2切れ
　フレッシュディル(ちぎる) … 適量

作り方

1 ポリ袋などにいかと帆立てを入れ、Aを加えてよくまぶし、冷蔵庫かクーラーボックスで30分から一晩おく。
2 炭火をおこし、網をのせる。網が温まったら1をのせ、いかと帆立てに火が通るまで焼く。
3 器に盛り、あれば残ったディルを散らす。

スペアリブのナンプラーグリル

肉料理にあふれるキャンプ。味つけをエスニックにするだけで目先が変わり、喜ばれます。

ときにはアクセントのある味つけを

材料[4人分]

スペアリブ … 4本
A しょうがのすりおろし … 小さじ2
　にんにくのすりおろし … 小さじ1
　ナンプラー、酒 … 各大さじ4
香菜《シャンツァイ》 … 適量

作り方

1 ポリ袋などにスペアリブを入れ、Aを加えてよくまぶし、冷蔵庫かクーラーボックスで30分から一晩おく。
2 炭火をおこし、網をのせる。網が温まったら1をのせ、肉に火が通るまで焼く。
3 器に盛り、香菜を添える。

持っていくと便利①

油揚げや春巻きの皮

具をのせて焼くだけ！ のっけ焼き

私がキャンプに必ず持っていく食材に、油揚げと春巻きの皮があります。ピザに比べ、火の通りも早いので、小腹が空いたときやおやつに、具をのせて焼きます。

包丁いらずでできる。
味も栄養バランスも◎

油揚げ・春巻きの皮で作るおいしい２種

両方いける、王道はこれ。チーズは和食材にも合うので、便利です。

AYUMI's advice

春巻きの皮は、カセットコンロとフライパンを使って焼いてください。油揚げは炭火や焚き火で焼いたほうがおいしいですが、火をおこしていないときは、カセットコンロ×フライパンで焼いても。油は必要ありません。

しらす＆チーズ

油揚げバージョン

材料［ 1枚分 ］

油揚げ … 1枚
しらす、ピザ用チーズ
　… 各大さじ2

作り方

1 炭火をおこし、網をのせる。網が温まったら油揚げをのせて焼く。
2 焼き色がついたら返し、チーズとしらすをのせ、チーズが溶けるまで焼く。

春巻きの皮バージョン

材料［ 1枚分 ］

春巻きの皮 … 2枚
しらす、ピザ用チーズ
　… 各大さじ3
菜種油（なければサラダ油でも可）… 小さじ1

作り方

1 フライパンに油を熱し、春巻きの皮を重ねて入れ、その上にチーズとしらすをのせる。チーズが溶けるまで焼く。

子どもたちが大好き！
定番の組み合わせ

ハム＆チーズ

油揚げバージョン

材料［ 1枚分 ］

油揚げ … 1枚
ハム（半分に切る）… 1枚
ピザ用チーズ … 大さじ2

作り方

1 炭火をおこし、網をのせる。網が温まったら油揚げをのせて焼く。
2 焼き色がついたら返し、ハムをのせ、チーズを散らし、チーズが溶けるまで焼く。

春巻きの皮バージョン

材料［ 1枚分 ］

春巻きの皮 … 2枚
ハム（半分に切る）… 3枚
ピザ用チーズ … 大さじ3
菜種油（なければサラダ油でも可）… 小さじ1

作り方

1 フライパンに油を熱し、春巻きの皮を重ねて入れ、その上にハムを並べのせ、チーズを散らし、チーズが溶けるまで焼く。

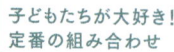

油揚げを使ったのっけ焼きレシピ

油揚げはしっかり油分があるので、のせる具はシンプルにするのがいいですよ。

日本酒や焼酎とも相性抜群

ねぎみそ

材料［ 1枚分 ］

油揚げ … 1枚
万能ねぎ … 3本
みそ、酒 … 各大さじ1

作り方

1 万能ねぎは5mm幅の小口切りにする。みそと酒は混ぜ合わせる。
2 炭火をおこし、網をのせる。網が温まったら油揚げをのせて焼く。
3 焼き色がついたら返し、**1**のみそと酒を混ぜ合わせたものを塗り、ねぎをのせる。焼いている面に、軽く焼き色がつくまで焼く。

仕上げに
一味唐辛子をふっても

ねぎチーズ

材料［ 1枚分 ］

油揚げ … 1枚
万能ねぎ … 3本
ピザ用チーズ … 大さじ2

作り方

1 万能ねぎは5mm幅の小口切りにする。
2 炭火をおこし、網をのせる。網が温まったら油揚げをのせて焼く。
3 焼き色がついたら返し、ねぎとチーズをのせ、チーズが溶けるまで焼く。

春巻きの皮を使ったのっけ焼きレシピ

春巻きの皮に味はほとんどないので、クセのある食材やスイーツ系をのせてもOK。

あっという間に焼き上がる！

マルゲリータ風

材料［ 1枚分 ］

春巻きの皮 … 2枚
トマト … 1個
ピザ用チーズ … 大さじ3
フレッシュバジル … 3枚
菜種油（なければサラダ油でも可）
　… 小さじ1

作り方

1 トマトは1cm角に切る。バジルは一口大にちぎる。
2 フライパンに油を熱し、春巻きの皮を重ねて入れ、その上にチーズとトマトを全体に散らす。チーズが溶けたら火からおろし、バジルを散らす。

まるでクレープのよう

チョコレートバナナ

材料［ 1枚分 ］

春巻きの皮 … 2枚
バナナ … 2本
板チョコレート … 1/3枚
菜種油（なければサラダ油でも可）
　… 小さじ1

作り方

1 バナナは1cm厚さの輪切りにする。
2 フライパンに油を熱し、春巻きの皮を重ねて入れ、**1**をのせる。
3 チョコレートを包丁で削りながら全体に散らし、チョコレートが溶けるまで焼く。

持っていくと
便利②

小麦粉

混ぜて焼くだけ！

チヂミ

小麦粉さえあれば、あとは水と切った野菜などを混ぜ合わせて焼けばいいチヂミ。パンケーキよりも材料が少なく、作り方が簡単＆アレンジがきくので、キャンプでも大活躍です。

粉と水で。
卵は使いません。

にらのチヂミ

我が家でよく作る、基本のチヂミです。粉、水、塩の配合はすべてこれ。薄力粉ならパリパリ、強力粉で作ればもっちり。それぞれ違う焼き上がりになるので、粉の種類はお好みでどうぞ。

材料［ 直径約18㎝ 2枚分 ］

にら … 1束
小麦粉 … 100g
塩 … 少々
水 … 180㎖
菜種油（なければサラダ油でも可）、
　黒酢 … 各適量

作り方

1 にらは3㎝長さに切る。
2 ボウルに小麦粉と塩を入れ、分量の水を加えてさっと混ぜる。さらに1を加えて軽く混ぜ合わせる。
3 フライパンに油を熱し、2の半量を丸く広げて中火で約5分焼く。焼き色がついたら返し、さらに約3分焼いて焼き色をつける。同様にもう1枚焼く。
4 焼き上がったらキッチンばさみなどで一口大に切り、黒酢をつけて食べる。

AYUMI's
advice

小麦粉は自宅ではかり、ポリ袋に入れてキャンプに持っていきましょう。アウトドアクッキングでは計量の手間はできるだけ省くのが、正解です。

チヂミの
バリエーション２種

粉、水、塩の配合と焼き方は、すべて左ページの「にらのチヂミ」と同じ。具を替えているだけです。

お肉を入れれば
食べ応えアップ

豚ばらねぎチヂミ

こちらも定番の素材合わせ。もちろん、基本の「にらのチヂミ」に豚ばら肉を足しても、間違いないおいしさです。キムチを足せば、お酒のおつまみにもなりますよ。

材料［ 直径約18cm 2枚分 ］

豚ばら薄切り肉 … 150g
長ねぎ … ½本
小麦粉 … 100g
塩 … 少々
水 … 180mℓ
菜種油（なければサラダ油でも可）、
　黒酢 … 各適量

作り方

1 豚ばら肉は3cm幅に切り、長ねぎは小口切りにする。
2 ボウルに小麦粉と塩を入れ、分量の水を加えてさっと混ぜる。さらに**1**を加えて軽く混ぜ合わせる。
3 フライパンに油を熱し、**2**の半量を丸く広げて中火で約5分焼く。焼き色がついたら返し、さらに約3分焼いて焼き色をつける。同様にもう1枚焼く。
4 焼き上がったらキッチンばさみなどで一口大に切り、黒酢をつけて食べる。

AYUMI's
advice

食べ応えのあるたんぱく質が入ったチヂミを作りたい場合、干しえびを使うのもおすすめ。肉と違い、冷蔵保存しなくていいので持ち運びがラクです。

そのときの
旬の野菜を使って

ズッキーニのチヂミ

チヂミにはどんな野菜でも合いますよ。直売所で旬の野菜を買って、いろいろな味を楽しんでください。

材料［ 直径約18cm 2枚分 ］

ズッキーニ … 1本
小麦粉 … 100g
塩 … 少々
水 … 180mℓ
菜種油（なければサラダ油でも可）、
　黒酢 … 各適量

作り方

1 ズッキーニは薄い半月切りにする。
2 ボウルに小麦粉と塩を入れ、分量の水を加えてさっと混ぜる。さらに**1**を加えて軽く混ぜ合わせる。
3 フライパンに油を熱し、**2**の半量を丸く広げて中火で約5分焼く。焼き色がついたら返し、さらに約3分焼いて焼き色をつける。同様にもう1枚焼く。
4 焼き上がったらキッチンばさみなどで一口大に切り、黒酢をつけて食べる。

AYUMI's
advice
調味料以外の材料を
全部鍋に入れ、ふたを
して蒸すことで、ふわっ
ふわの仕上がりに。

OUTDOOR COOKING
お肉なしでも、
塩麹でコクとうまみをプラス

塩麹味の蒸し焼きそば

キャンプに持っていくなら、フライパンよりも鍋のほうが便利。スープも作れるし、炒め物のときも深さがあるので、混ぜてもこぼれず、コンロを汚しません。この焼きそばも鍋で作ります。

材料［ 4人分 ］

市販の焼きそば麺 … 2玉
キャベツ … ¼個
にんじん … ⅓本
ピーマン … 3個
さやいんげん … 12本
菜種油（なければサラダ油でも可）、水 … 各大さじ2
塩麹 … 大さじ3
しょうゆ … 小さじ1

作り方

1 キャベツは太めのせん切りにする。ピーマンはへたと種を取り、一口大に切る。にんじんは皮をむき、せん切りにする。さやいんげんはへたを切り落とす。
2 鍋に**1**を敷き詰め、麺をのせ、油と分量の水を回しかける。ふたをして強火にかける。
3 3分たったら中火にし、麺をほぐしながら、水分がなくなるまで炒める。
4 塩麹、しょうゆを加え、全体を混ぜ合わせる。

OUTDOOR COOKING

こんなメニューも
炭火でできる！

ローストビーフ

かたまり肉があると、キャンプは盛り上がります。作り方は、ホイル焼きとほとんど変わらず簡単です！ローストビーフは、焼き肉と違い、冷めてもおいしく、そしてアレンジがきくのもいいところ。

材料［ 4人分 ］

牛ももかたまり肉 … 500g
塩、こしょう … 各適量
クレソン、わさび … 各適宜

作り方

1 肉に塩、こしょうをすり込む。
2 炭火をおこし、網をのせる。網が温まったら、1の全体に焼き色がつくまで転がしながら焼く。
3 アルミホイルに包み、約15分焼く。金串を刺し、はずしてみて串が温かかったら火からおろす（串が冷たい場合は、再度火にかけ、串が温まるまで焼く）。
4 アルミホイルに包んだまま、冷ます。冷めたら5㎜厚さに切り、あればクレソンを巻いて、好みでわさび、塩をつけて食べる。

AYUMI's
advice

残ったローストビーフは、サラダやサンドイッチにアレンジ。ご飯にのせてわさびじょうゆで食べるローストビーフ丼もおいしいですよ。

column 02

キャンプ飲みに欠かせない
おつまみレシピ

参加したことがある人ならわかると思いますが、大人が集ってのキャンプは“お泊まりつき・野外飲み会”のような感じ（笑）。お酒は欠かせないのでおつまみも、必ず用意します。

切って器に並べるだけ

チーズ＆ドライフルーツ

ドライフルーツは温かいお茶とも相性がいいので、お茶請け菓子としても好評。パルメザンチーズは料理にも使えるのでキャンプ向きの便利な食材の一つです。

材料

パルメザンチーズ、市販の一口サイズのチーズ、ドライいちじく、デーツ … 各適量

作り方

1 パルメザンチーズといちじくは食べやすい大きさに切る。
2 器に1と残りの材料をすべて並べる。

いろいろな
おいしさが集合！

オリジナル味ごのみ

お菓子を袋ごと持っていくとかさばるので、各自好きなお菓子を少しずつ容器に入れて持っていきます。いろいろな味があって楽しい♪

材料

好みの菓子（おつまみ昆布、芋けんぴ、ミックスナッツ、ひじきせんべい、豆菓子など）… 適量

作り方

保存容器などに菓子を入れる。

夏キャンプに
欠かせないおつまみ

もろみみそで味わう野菜スティック

とにかく暑い、夏キャンプ！　テント設営後に、川で冷やしたビールと、この野菜スティックの組み合わせは最高ですよ。子どもたちがつまむスナックとしてもヘルシーで最適。

材料

市販のもろみみそ … 適量
季節の野菜（にんじん、オクラ、セロリ、きゅうりなど）… 適量

作り方

1 季節の野菜は食べやすいようにスティック状に切る。
2 器に盛り、もろみみそを添える。

焚き火飲みのおつまみ

キャンプの楽しみといったら、やっぱり“焚き火飲み”。焚き火の火を利用したおいしいおつまみを作ってみませんか。

焚き火であぶれば、
香ばしさ倍増！

目刺し＆するめ焼き

材料

目刺し … 5尾
するめ … 1枚

作り方

1 焚き火網の上に目刺しとするめをのせる。
2 目刺しは両面に軽く焼き目がつくまで焼く。するめは丸まり始めたら、火からおろす。

缶ごと
焚き火にかけて焼くだけ

缶ごとグリル

材料

好みの缶詰（スモークオイスター、帆立て貝柱など）
… 適量

作り方

缶詰はふたを開けて焚き火網の上にのせ、缶汁が沸騰するまで温める。

ワインと相性抜群！
焼いて食べるチーズ

焼き カチョカバロ

材料［ 2人分 ］

カチョカバロ
… 1個（180g）

作り方

1 カチョカバロは一口大にスライスし、アルミホイルに並べる。
2 焚き火網の上に**1**をのせ、カチョカバロが温まって軽く溶けたら、箸やフォークで食べる。

冷え込むキャンプの夜に、
ほっとするおつまみを

焚き火湯豆腐

材料［ 2人分 ］

絹ごし豆腐 … 1丁
昆布 … 5cm
削り節 … 小1袋
しょうゆ … 適量

作り方

1 豆腐は8等分に切る。
2 鍋に水を5cmくらいの深さまで入れる。昆布を入れて焚き火網の上にのせる。
3 沸騰する直前に**1**を加え、約3分火にかける。器に豆腐を盛り、削り節としょうゆをかける。

outdoor cooking

part 3

あったかメニュー 煮込み＆炊き込みレシピ

キャンプ場は山の中や川沿いにあることも多く、夏でも日が落ちた途端、ぐっと冷え込みます。なので、煮込んだり炊いたりして作る、温かいメニューはキャンプに欠かせません。焼くだけのレシピよりも火にかける時間が長いので、初心者は、基本、火力調節が簡単にきちんとできるカセットコンロやガスバーナーを使って作りましょう。火の取り扱いに慣れてきたら、焚き火や炭火で作るのも楽しいですよ。

OUTDOOR COOKING

おしゃれなのに、実は簡単で便利

アヒージョ

にんにくの風味がついたオリーブオイルで食材を煮込むだけの簡単スペイン料理。ここ数年ですっかりキャンプでの鉄板料理になりました。

冷凍食品を使って
簡単に！

シーフードミックス

シーフードミックスを使えば、材料をあれこれ買い揃える必要もなく、初心者でも簡単に作れます。冷凍食品は着いたその日のうちに使えば、高性能のクーラーボックスの必要はありません。

材料［ 2人分 ］

冷凍シーフードミックス … 200g
ミニトマト … 10個
にんにく … 1かけ
オリーブオイル、塩、
　パセリの粗みじん切り … 各適量

作り方

1 シーフードミックスはざるに入れ、軽く水洗いする。ミニトマトはへたを取る。にんにくは皮をむき、薄切りにする。
2 スキレットや厚手のフライパンに**1**と塩を入れ、オリーブオイルをひたひたになるくらいまで注ぎ、火にかける。油がグツグツしたら、シーフードミックスに火が通るまで煮込み、パセリをかける。

AYUMI's
advice

残ったオリーブオイルは、外で油の処理をするのは大変だし、うまみがたっぷり入っているので、再利用！　私は、オイルパスタや、ガーリックトーストを作ったりしています。

アヒージョの バリエーション４種

ワインがすすむ組み合わせ

たこ×マッシュルーム

マッシュルームの代わりに、手に入りやすいエリンギを使ってもOK。

材料［２人分］

ゆでだこ … 200g
マッシュルーム … 6個
にんにく … 1かけ
オリーブオイル、塩 … 各適量

作り方

1 たこはぶつ切りにする。にんにくは皮をむき、薄切りにする。
2 スキレットや厚手のフライパンに**1**とマッシュルーム、塩を入れ、オリーブオイルをひたひたになるくらいまで注ぎ、火にかける。油がグツグツしたら、マッシュルームに火が通るまで煮込む。

砂肝のコリッとした食感が楽しい

砂肝×ズッキーニ

赤唐辛子やローズマリー、ローリエなどのハーブを一緒に煮込んでも。

材料［２人分］

砂肝 … 180g
ズッキーニ … ½本
にんにく … 1かけ
オリーブオイル、塩 … 各適量

作り方

1 砂肝は洗って白く固い部分を切り落とし、半分に切る。ズッキーニは2cm厚さのいちょう切りにする。にんにくは皮をむき、薄切りにする。
2 スキレットや厚手のフライパンに**1**と塩を入れ、オリーブオイルをひたひたになるくらいまで注ぎ、火にかける。油がグツグツしたら、砂肝に火が通るまで煮込む。

AYUMI's advice

アヒージョの具は、たんぱく質×野菜の組み合わせがバランスがよくて、おいしいと思います。いろいろなものを入れて作ってもおいしいんですが、私は2～3種だけ入れてシンプルに味わうのが好きです。

ときには変化球食材を使って

えび×ごぼう

ごぼうは油と相性がよく、香ばしい風味が強くなり、おいしいんですよ。

材料［２人分］

むきえび … 12尾（100g）
ごぼう … ½本
にんにく … 1かけ
オリーブオイル、塩 … 各適量

作り方

1 ごぼうはたわしで洗い、1cm厚さの輪切りにして水にさらす。にんにくは皮をむき、薄切りにする。
2 スキレットや厚手のフライパンに**1**とえび、塩を入れ、オリーブオイルをひたひたになるくらいまで注ぎ、火にかける。油がグツグツしたら、えびに火が通るまで煮込む。

ホクホクのにんにくがアクセント

帆立て貝×じゃが芋×にんにく

にんにくを具として食べます。キャンプで疲れたら、これがおすすめ。

材料［２人分］

帆立て貝（ボイル済みのもの） … 100g
じゃが芋 … 1個
にんにく … 6かけ
オリーブオイル、塩 … 各適量

作り方

1 じゃが芋は皮をむき、一口大に切る。にんにくは皮をむく。
2 スキレットや厚手のフライパンに**1**と帆立て、塩を入れ、オリーブオイルをひたひたになるくらいまで注ぎ、火にかける。油がグツグツしたら、じゃが芋に火が通るまで煮込む。

OUTDOOR COOKING

最低限の材料で、
味はスパイシーに

ひき肉とトマトのシンプルカレー

玉ねぎ、ひき肉、トマト缶をスパイスで煮込むだけの簡単カレー。市販のカレールウを使わず、カレー粉で調味するので油分が少なく、洗うときもラクちんです。

材料［ 4人分 ］

合いびき肉 … 300g
にんにく、しょうが … 各1かけ
玉ねぎ … 1個
ホールトマト缶 … 1缶
カレー粉 … 大さじ2
塩 … 小さじ2
オリーブオイル … 大さじ1
あればクミンパウダー、
　コリアンダーパウダー
　… 各小さじ1

作り方

1 にんにく、しょうが、玉ねぎは皮をむき、みじん切りにする。
2 鍋にオリーブオイルを熱し、にんにく、しょうがを炒める。香りが出たら、玉ねぎとひき肉を加えて炒める。
3 肉の色が変わったら、カレー粉と、あればスパイス類を加え、さらに炒める。
4 カレー粉が全体にまんべんなくいきわたったら、ホールトマトと塩を加え、途中、トマトをくずしながら約10分煮込む。
5 味を見て、塩けが足りなければ塩（分量外）で好みの味に調える。

AYUMI's
advice

時間がたってもおいしいので、前日に仕込んで、持っていくことも多いこのカレー。パスタやホットドッグにかけるソースとしても活躍します。

OUTDOOR COOKING

鮮度がよくて、栄養価の高い
旬の野菜を使って

季節のラタトゥイユ２種

キャンプ場に行く途中、あれば必ず直売所や道の駅に立ち寄って旬の野菜を調達。同じトマト煮込みでも、季節によって具を替えるので楽しいですよ。

フレッシュトマトで煮込む

夏野菜ラタトゥイユ

材料［ 4人分 ］

トマト … 3個
ズッキーニ … 1本
なす … 2本
パプリカ、玉ねぎ
… 各1個
にんにく … 1かけ
ローリエ … 1枚
オリーブオイル
… 大さじ1
塩 … 小さじ1

作り方

1 トマトは乱切り、ズッキーニ、なすは1cm厚さの輪切りにする。パプリカは一口大、玉ねぎは皮をむいて一口大に切る。にんにくは皮をむき、みじん切りにする。
2 鍋にオリーブオイルとにんにくを入れて火にかけ、香りが出てきたらズッキーニ、なす、パプリカ、玉ねぎを加えて炒める。しんなりしてきたら、トマト、ローリエ、塩を加えて15〜20分煮込む。
3 味を見て、塩けが足りなければ塩（分量外）で好みの味に調える。

根菜たっぷり

冬野菜ラタトゥイユ

材料［ 4人分 ］

れんこん … 1節
さつま芋、ごぼう
… 各1本
玉ねぎ … 1個
にんじん … 1本
ホールトマト缶
… 1缶
にんにく … 1かけ
塩 … 小さじ1
オリーブオイル
… 大さじ1

作り方

1 れんこんは皮をむき、1cm厚さの輪切りにして水にさらし、あくを取る。ごぼうはたわしで洗い、乱切りにして水にさらす。さつま芋、にんじんは皮をむき、乱切りにする。玉ねぎは皮をむき、くし形切り、にんにくは皮をむき、薄切りにする。
2 鍋にオリーブオイルとにんにくを入れて火にかけ、香りが出てきたら、**1**の残りの野菜をすべて加えて炒める。約3分炒めたらホールトマトと塩を加え、トマトをくずしながら約20分煮込む。
3 味を見て、塩けが足りなければ塩（分量外）で好みの味に調える。

OUTDOOR COOKING

赤ワイン煮よりも
あっさり＆食べやすい

牛肉の白ワイン煮

夏キャンプのときにさっぱり食べられる煮込み料理が作りたくて、思いついたメニューです。白ワインは安いものでも充分おいしくできます。締めに、パスタを入れるのもおすすめ。

材料［４人分］

牛肩ロースかたまり肉 … 500g
玉ねぎ … １個
にんじん … １本
にんにく … ２かけ
ローリエ … ２枚
ホールトマト缶 … １缶
白ワイン … 200mℓ
オリーブオイル … 大さじ1
塩、こしょう … 各適量

作り方

1 牛肉に塩、こしょうをする。
2 玉ねぎとにんにくは皮をむき、薄切りにする。にんじんは皮をむき、2cm厚さの輪切りにする。
3 鍋にオリーブオイルとにんにくを入れて火にかけ、香りが出てきたら肉の表面を焼く。肉に焼き色がついたら、にんじん、玉ねぎを加え、軽く炒める。
4 残りの材料をすべて加え、水をひたひたになるくらいまで注ぎ、途中あくを取りながら、肉が柔らかくなるまで約40分煮込む。
5 肉を食べやすいように薄切りにし、煮汁をからめながら食べる。

OUTDOOR COOKING

下ゆでいらず。
時短で作れるからうれしい

かぶの
簡単おでん

かぶは大根と違って下ゆでいらず&火の通りも早いので、あっという間にできます。そのほかの具はお好みで。私は、さつま揚げやこんにゃくを入れることもありますよ。

材料［ 4人分 ］

かぶ、市販のつみれ
　… 各4個
厚揚げ … 1枚
水 … 1.2ℓ
だしパック … 1袋
酒、しょうゆ … 各大さじ1
塩 … 小さじ1

作り方

1 鍋に分量の水とだしパックを入れ、中火にかける。沸騰したら約3分煮出し、だしパックを取り出す。
2 かぶは茎を切り落とし、皮をむく。厚揚げは4等分に切る。
3 1に、酒、しょうゆ、塩、かぶを入れる。かぶに火が通ったら、つみれと厚揚げを加え、約15分煮込む。

OUTDOOR COOKING

野菜の甘みが
しみじみおいしい

野菜のほうとう

山梨でキャンプをしたとき、ほうとうを購入。大鍋に作って食べたのですが、うどんと違い、別鍋で麺をゆでる必要がなく、とてもラクでした。お肉を入れなくても、油揚げでコクが出ます。

材料［ 4人分 ］

ほうとう … 300g
油揚げ … 1枚
かぼちゃ … ¼個
にんじん、ごぼう … 各½本
大根 … ¼本
しいたけ … 4個
長ねぎ … 1本
みそ … 大さじ2
水 … 1ℓ
だしパック … 1袋

作り方

1 油揚げは三角形に切る。
2 かぼちゃは種とわたを取り除き、一口大の乱切りにする。ごぼうはたわしで洗い、ささがきにして水にさらす。にんじんと大根は皮をむき、乱切りにする。しいたけは石づきを取り除き、軸をつけたまま縦半分に切る。長ねぎは斜め切りにする。
3 鍋に分量の水とだしパック、**1**、**2**を入れ、中火にかける。沸騰したら、ほうとうを加え、表示どおりに煮込む。
4 火を止め、みそを溶き入れる。

OUTDOOR COOKING

パパたち男性陣が
大喜びの味！

牛すじの煮込み

前日の夜「シャトルシェフ」に仕込んでおけば、道中で味がしみ込み、テント設営後、すぐに食べられます。濃厚な味が好きな人は、もっとみそを入れてもいいですよ。

材料［４人分］

牛すじ（下処理済みのもの）… 250g
こんにゃく … １枚
大根 … ½本
長ねぎ … ½本
木綿豆腐 … １丁
しょうが … １かけ
A｜酒、しょうゆ … 各大さじ３
　｜水 … 800mℓ
みそ … 大さじ３

作り方

1 牛すじは一口大に切り、こんにゃくは手でちぎる。大根は皮をむいて一口大の乱切りに、しょうがは皮をむいてせん切りにする。長ねぎは1cm幅の斜め切りに、豆腐は一口大に切る。
2 鍋に牛すじ、こんにゃく、大根、しょうがとAを入れ、中火にかける。40～50分煮込んだら、いったん火を止め、長ねぎと豆腐を加え、みそを溶き入れる。弱火で約10分煮込む。

AYUMI's
advice

生の牛すじは、臭み取りの下処理が必要です。この処理は前日にやっておくのがベスト。鍋にたっぷりの水（目安は1.5ℓ）と牛すじ、酒大さじ2を入れ、約30分あくを取りながらゆでます。ざるに上げ、水でよく洗って終了ですが、臭みが気になるようなら、もう一度この作業を繰り返します。

AYUMI's
advice

鯛1尾を使う場合は、お店で内臓とうろこを取ってもらうと自分で下処理をしなくて済みますよ。

OUTDOOR COOKING

切り身を使うから、
さらに簡単！

アクアパッツァ

簡単で見栄えがするアウトドア料理の代表。鯛に限らず、ほかの白身魚で作ってもおいしくできます。残ったスープは、パンですくったりパスタをからめて味わって。

材料［ 2人分 ］

鯛 … 2切れ
あさり（砂抜き済みのもの）… 200g
ミニトマト … 10個
にんにく … 1かけ
オリーブオイル、ケーパー…各大さじ1
白ワイン（なければ酒でも可）、水
　… 各大さじ3
イタリアンパセリ … 適宜

作り方

1 にんにくは皮をむき、薄切りにする。あさりは水で軽くこすり洗いをする。
2 鍋にオリーブオイルとにんにくを入れ、弱火にかける。香りが出てきたら、鯛の皮面をさっと焼き、返す。あさり、ミニトマト、ケーパー、白ワイン、分量の水を加え、ふたをして、強火に約15分かける。
3 ふたを開け、あさりの口が開いていたら火を止める。あればイタリアンパセリをのせる。

OUTDOOR COOKING

「作るの難しいでしょ?」
「いいえ、簡単!」

サムゲタン

手の込んだ料理だと思っていたのですが、作ってみたらあまりに簡単で、しかも本格的な味にできてびっくり!　栄養たっぷりで体も温まるので、キャンプの晩ごはんにぴったりです。

材料[4人分]

鶏骨つきぶつ切り肉 … 600g
もち米 … 大さじ4
くこの実、松の実 … 各大さじ1
にんにく … 2かけ
しょうが … 少々
水 … 1.2ℓ
三つ葉 … 1束
塩 … 適量

作り方

1 もち米はといでざるに上げ、水きりする。三つ葉は根元を切り落とし、3㎝長さに切る。しょうがは薄切りにする。にんにくは皮をむく。
2 鍋に三つ葉、塩以外の材料をすべて入れ、中火にかける。沸騰したら、あくを取りながら、約30分煮込む。
3 器に盛り、三つ葉をのせ、塩をふって食べる。

OUTDOOR COOKING

実はバーベキューより簡単！

詰め込み鍋

家で作るお鍋のように、そのつど、食材を入れるのではなく、アウトドア仕様にアレンジしました。最初に食材もスープも鍋に詰め、あとは火にかけるだけのお鍋です。だから手間をかけずに一気に仕上がり、すぐに食べられてうれしい。

大人と子どもで食べる時に
味つけを変えて

水炊き

シンプルな昆布だしとベーシックな食材の水炊き。子どもたちは塩とポン酢、だんなさんと私は一味唐辛子やかんずりでちょっと辛みをプラスしていただきます。

材料［ 4人分 ］

鶏もも肉 … 2枚（600g）
木綿豆腐 … 1丁
白菜 … ¼個
長ねぎ … 1本
えのきだけ … 1袋
昆布 … 10cm
酒 … 50mℓ
塩、ポン酢、ゆずこしょう、
　一味唐辛子、かんずり … 各適宜

作り方

1. 鶏肉は一口大に切る。豆腐は8等分に切る。
2. 白菜は4cm長さに切る。長ねぎは斜め切りにする。えのきだけは石づきを取り、ほぐす。
3. 鍋底に昆布を敷き、**1**と**2**をすき間なく入れる（写真左下参照）。酒を加え、水をひたひたになるくらいまで注ぐ。ふたをして中火にかける。
4. 鶏肉に火が通ったら器に盛り、好みで塩やポン酢、ゆずこしょうなどを加えて食べる。

AYUMI's
advice

火にかけると白菜やねぎがくったりして半量くらいになってしまうので、食材は「詰めすぎかな?」と思うくらい詰めてみて。

やさしく、ほっとする味

豆乳鍋

市販の豆乳鍋の素を使わなくても、鍋つゆは簡単に作れます。大人は、ゆずこしょうをちょっとつけながらいただいてもおいしいですよ。

材料［ 4人分 ］

豚薄切り肉 … 600g
水菜 … 1束
しめじ … 1パック
長ねぎ … 1本
木綿豆腐 … 1丁
だし汁 … 800mℓ
無調整豆乳 … 400mℓ
塩 … 適量

作り方

1 豚肉は一口大に切る。
2 水菜は6cm長さに切る。長ねぎは斜め切りにする。しめじは石づきを取り、ほぐす。豆腐は4等分に切る。
3 鍋に**1**と**2**を入れる。だし汁と豆乳、塩を加え、ふたをして中火にかける。あくを取りながら約8分煮込む。

だんなさんと
私の故郷・北海道の味

石狩鍋

塩鮭を入れた「三平汁」と間違えられますが、石狩鍋は生鮭を使うところがポイント。食べるときに山椒の粉をふりかければ、より本場の味に。酒粕、バター、豆乳を好みで加えてもおいしい！

材料［ 4人分 ］

鮭 … 4切れ
キャベツ … ¼個
長ねぎ … 1本
しいたけ … 4個
じゃが芋 … 2個
昆布（5cm角）… 2枚
酒、しょうゆ … 各大さじ2
みそ … 大さじ5

作り方

1 キャベツは一口大に切り、長ねぎは4cm長さの斜め切りにする。しいたけは石づきを取り除く。じゃが芋は皮をむき、1cm厚さの輪切りにする。
2 鍋底に昆布を敷き、**1**と鮭を入れる。酒としょうゆを加え、水をひたひたになるくらいまで注ぐ。ふたをして中火にかけ、あくを取りながら約10分煮込む。
3 火を止め、みそを溶き入れる。

いしり鍋

いしりとは、石川県・能登の特産品で、いかから作られる魚醤です。魚醤の中でもとくにうまみが濃く、深いので、淡白な白身魚やいか、えびと相性よし。

滋味あふれるおいしさ！

材料［ 4人分 ］

たら … 4切れ
白菜 … ⅙個
春菊 … ½束
えのきだけ … 1袋
木綿豆腐 … 1丁
長ねぎ … 1本
昆布（5cm角）… 3枚
酒、いしり … 各大さじ3

作り方

1 白菜、春菊は4cm長さに切る。えのきだけは石づきを取り、ほぐす。豆腐は8等分に切る。長ねぎは斜め切りにする。
2 鍋底に昆布を敷き、**1**、たらを入れる。酒といしりを加え、水をひたひたになるくらいまで注ぐ。ふたをして中火にかけ、あくを取りながら約10分煮込む。

AYUMI's
advice

いしりがない場合は、手に入れやすいナンプラーやニョクマムで代用してください。

OUTDOOR COOKING

覚えておくと便利！

鍋炊きご飯の炊き方

キャンプではつい麺類やパンに頼りがちですが、子どもたちに「ご飯食べたい！」とリクエストされることもしばしば。そんなとき、鍋でご飯を炊けるようになっておくと本当に助かります。

AYUMI's advice

もし計量カップを忘れてしまった場合は、鍋に米を入れ、米よりも1cmほど高くなるように水を入れればおいしく炊けます。

計量した米と計量カップを忘れずに！

キャンプに米を持っていくときは、あらかじめ2合、3合とはかった状態でポリ袋などに入れて持ち込むのが正解。また、水をはかる計量カップも忘れがちなアイテム。セットで持っていくようにしましょう。

白米の炊き方

材料［ 4人分 ］
白米 … 2合
水 … 360mℓ

ふたの間から勢いよく湯気が出てきたら、沸騰した証拠

〔下準備〕

白米はといでざるに上げ、水きりする。鍋に入れ、分量の水を加えて15分以上おく。

1

鍋にふたをし、強火にかける。吹きこぼれそうになったら火を弱める。

2

沸騰して11～13分で、鍋からぱちぱちと小さな音がしてきたら、火を止める。ふたをしたまま約15分蒸らす。

でき上がり

AYUMI's advice

鍋炊きご飯のおいしさを一度覚えてしまうと、やめられません！　私は自宅でも鍋で炊いていますが、芯までふっくら炊けて、冷めてもおいしい。しかも火をつけてから30分ちょっとででき上がりますよ。

簡単！ 野菜の炊き込みご飯

鍋炊きご飯の炊き方を覚えたら、今度は季節の野菜と塩だけを使った、シンプルな炊き込みご飯に挑戦してみませんか。バリエーションが広がりますよ。

春

グリンピースご飯

材料［ 4人分 ］

米 … 2合
グリンピース
（さやから出したもの）
… カップ 1
水 … 360㎖
塩 … 小さじ½

作り方

1 米はといでざるに上げ、水きりする。
2 鍋に**1**を入れ、分量の水を加えて15分以上おく。
3 **2**に塩をふり、グリンピースをのせる。
4 「白米の炊き方」（左ページ参照）と同様に炊く。

夏

とうきびご飯

材料［ 4人分 ］

米 … 2合
とうもろこし … 1本
水 … 360㎖
塩 … 小さじ½

作り方

1 米はといでざるに上げ、水きりする。
2 鍋に**1**を入れ、分量の水を加えて15分以上おく。
3 とうもろこしは包丁で実をそぎ落とす。
4 **2**に塩をふり、**3**の実と芯をのせる。
5 「白米の炊き方」（左ページ参照）と同様に炊く。

AYUMI's advice

芯も入れて炊くのがポイント！ 香りとうまみが増します。

秋

さつま芋ご飯

材料［ 4人分 ］

米 … 2合
さつま芋 … 小1本（100g）
水 … 360㎖
塩 … 小さじ½

作り方

1 米はといでざるに上げ、水きりする。
2 鍋に**1**を入れ、分量の水を加えて15分以上おく。
3 さつま芋は1㎝角に切る。
4 **2**に塩をふり、**3**をのせる。
5 「白米の炊き方」（左ページ参照）と同様に炊く。

冬

れんこんご飯

材料［ 4人分 ］

米 … 2合
れんこん … 1節
水 … 360㎖
塩 … 小さじ½

作り方

1 米はといでざるに上げ、水きりする。
2 鍋に**1**を入れ、分量の水を加えて15分以上おく。
3 れんこんは、薄いいちょう切りにして水にさらし、あくを取る。
4 **2**に塩をふり、**3**をのせる。
5 「白米の炊き方」（左ページ参照）と同様に炊く。

OUTDOOR COOKING

鶏肉のうまみが
たっぷりご飯にしみ込んで

味わい炊き込みご飯

この味つけさえ覚えてしまえば、さまざまな具にアレンジできますよ。キャンプのとき持ち運びに便利な干ししいたけやひじきなどの乾物を使ってもいいですね。

材料［ 4人分 ］

米 … 2合
鶏もも肉 … ½枚（150g）
にんじん … ¼本
油揚げ … 1枚
しめじ … ½パック
酒、しょうゆ … 各大さじ2
塩 … 小さじ½
水 … 330mℓ

作り方

1 米はといでざるに上げ、水きりする。鍋に入れ、酒、しょうゆ、分量の水を加えて15分以上おく。
2 鶏肉は1㎝角に切る。にんじんは皮をむき、せん切りにする。油揚げは幅を半分に切ったあと、せん切りにする。しめじは石づきを取り、ほぐす。
3 **1**に塩をふり、**2**をのせる。
4 「白米の炊き方」（P54参照）と同様に炊く。

OUTDOOR COOKING

しょうがたっぷり！
さっぱり味

たこ飯

炊いているそばからいい香りが漂ってきて、食欲を誘います。しょうがが入っているので、たこの臭みは気になりません。鍋炊きで作ると、たこがパサパサにならないんですよ。

材料［ 4人分 ］

米 … 2合
ゆでだこ … 180g
しょうが…… 2cm
酒、しょうゆ … 各大さじ1
塩 … 小さじ½
水 … 330mℓ

作り方

1 米はといでざるに上げ、水きりする。鍋に入れ、酒、しょうゆ、分量の水を加えて15分以上おく。
2 たこは薄切りにする。しょうがは皮をむき、みじん切りにする。
3 **1**に塩をふり、**2**をのせる。
4 「白米の炊き方」（P54参照）と同様に炊く。

AYUMI's
advice

仕上げに山椒の粉をふったり、刻んだ三つ葉をのせると、さらに香りがよくなります。

column 03

手間なし！ 簡単サラダ

普段から野菜をたくさんとることを意識していますが、キャンプではついお肉や炭水化物に偏ってしまいがち。だからこそきちんと意識して、サラダをメニューの中に入れるようにしています。

手巻き寿司を
サラダにアレンジ！

手巻きサラダ

焼きのりで野菜を巻いて食べる、手巻き寿司のようなサラダです。この“巻く作業”が楽しくて、子どもたちがたくさん野菜を食べてくれるんですよ。

材料［ 4人分 ］

焼きのり（4等分に切る）… 大判2枚
サラダ菜 … 8枚
アルファルファ … 1パック
アボカド … ½個
にんじん … ½本
きゅうり … 1本
パプリカ … ½個
しょうゆまたはわさびじょうゆ … 適量

作り方

1 アボカドは種を取って皮をむき、縦1㎝幅に切る。にんじんは皮をむき、のりの長さに合わせてスティック状に切る。きゅうりはへたを切り落とし、半分の長さにしたあと、縦6等分に切る。パプリカはへたと種を取り除き、5㎜幅のスティック状に切る。
2 のりにサラダ菜をのせ、アルファルファや1を巻く。しょうゆをつけて食べる。

1

焼きのりを用意します。

2

のりの上に、“手巻き寿司”の要領で葉野菜やスティック野菜などをのせ、くるりと巻いて、いただきます！

野菜を切ったり、
ちぎったりする必要なし！

ベビーリーフのサラダ

手軽に作れて、しかもおいしい！　ベビーリーフが入ったプラスチックトレーははずし、ファスナーつき保存袋に入れたほうが、クーラーボックスで場所を取りませんよ。

材料［ 4人分 ］

ベビーリーフ、生ハム
　… 各1パック
パルメザンチーズ、
　オリーブオイル … 各適量

作り方

1 ベビーリーフはよく洗い、水けをきる。
2 器に**1**をのせ、生ハムをのせる。上からパルメザンチーズを包丁で削りながら散らし、オリーブオイルをかける。

3分あれば
できちゃう簡単さ

レタスのサラダ

キャベツより柔らかく、手でちぎるのが簡単なレタス。レタス本来の甘みを大切にしたいので、調味は最低限。シンプルイズベストです！

材料［ 4人分 ］

レタス … 1個
しょうゆ、オリーブオイル
　… 各大さじ2

作り方

1 レタスは食べやすい大きさに手でちぎる。
2 ボウルにしょうゆとオリーブオイルを入れ、混ぜ合わせる。
3 **2**に**1**を加え、からめる。

みそはオリーブオイルで
のばして和えやすく

きゅうりのみそサラダ

おつまみにもなる一品。みそはオリーブオイルで溶くと、きゅうりにからんで和えやすくなります。我が家人気のサラダです。

材料［ 4人分 ］

きゅうり … 2本
オリーブオイル、みそ … 各大さじ1

作り方

1 きゅうりはへたを切り落とし、乱切りにする。
2 ボウルにオリーブオイルとみそを混ぜ合わせ、**1**を加えてからめる。

切って、ちぎって、和えるだけ。
キャンプで作るなら、できる限り手間を省いて

生のマッシュルームの
おいしさを味わって

材料［ 4人分 ］

マッシュルーム
　… 1パック
パルメザンチーズ、
　オリーブオイル、
　黒こしょう … 各適量
レモン汁 … ½個分

マッシュルームのサラダ

生のマッシュルームは、チーズとオリーブオイル、レモン汁をからめることで食べやすくなります。

作り方

マッシュルームは縦に薄切りにする。器に盛り、上からパルメザンチーズを包丁で削りながら散らす。レモン汁、オリーブオイル、黒こしょうをかけ、全体的に軽く混ぜる。

隠し味にしょうゆを
きかせるのがAYUMI流

材料［ 4人分 ］

にんじん … 1本
塩 … 小さじ⅓
レモン汁 … ½個分
しょうゆ … 小さじ1
オリーブオイル
　… 大さじ1

にんじんのラペ

しょうゆを少しきかせることで、にんじん嫌いの子どもでも食べやすい味に。前日作りおきがおすすめです。

作り方

にんじんは皮をむき、ピーラーで縦に薄く削り、塩をふる。ボウルにレモン汁、しょうゆ、オリーブオイルを入れ、混ぜ合わせる。にんじんを加え、からめる。

いくらでも
食べられちゃいます！

材料［ 4人分 ］

キャベツ … ¼個
みそ、オリーブオイル
　… 各大さじ2

キャベツのみそディップサラダ

切ったキャベツを、簡単みそディップでいただきます。キャンプ場近くのスーパーで、地元特産のみそを仕入れても。

作り方

キャベツは食べやすい大きさに切る。器にみそとオリーブオイルを入れ、キャベツにつけながら食べる。

彩り鮮やかで
食べ応え満点！

材料［ 4人分 ］

アボカド … 1個
ミニトマト … 8個
木綿豆腐 … 1丁
レモン汁 … ½個分
しょうゆ … 小さじ1
オリーブオイル
　…大さじ1

アボカド豆腐サラダ

豆腐とアボカドが入っていて食べ応えがありますよ。玉ねぎや削り節をプラスしても！

作り方

豆腐は2cm角に切る。アボカドは種を取り、皮をむいて2cm角に切る。ミニトマトは半分に切る。ボウルにレモン汁、しょうゆ、オリーブオイルを入れ、混ぜ合わせる。豆腐、アボカド、ミニトマトを加え、からめる。

AYUMI's
advice

残った茎は、細かく刻んでチヂミにしていただきます！

生で食べる春菊のフレッシュなおいしさ！

材料［ 4人分 ］

春菊 … 1束
しょうゆ … 小さじ1
塩 … 1つまみ
ごま油 … 大さじ1

春菊のサラダ

春菊の旬は秋から冬にかけて。この時期なら葉も柔らかく、苦みも少ないので、子どもたちも喜んで食べます。

作り方

春菊は茎を切り落とし、葉を食べやすい大きさに手でちぎる。ボウルにしょうゆ、塩、ごま油を入れて混ぜ合わせ、春菊を加えてからめる。

コクと酸味のバランスが絶妙！

材料［ 4人分 ］

ミニトマト … 15個
クリームチーズ … 60g
しょうゆ … 小さじ1
オリーブオイル
… 大さじ1
削り節 … 適量

トマトとクリームチーズのサラダ

クリームチーズに削り節としょうゆをかけるだけより、トマトをプラスしてさっぱりさせました。

作り方

ミニトマトは半分に、クリームチーズは1cm角に切る。ボウルにしょうゆ、オリーブオイルを入れ、混ぜ合わせる。ミニトマト、クリームチーズを加え、からめる。削り節を加えて混ぜる。

水菜のシャキシャキ感がたまりません！

材料［ 4人分 ］

水菜 … ½束
じゃこ … 大さじ3
レモン汁 … ½個分
しょうゆ … 小さじ1
ごま油 … 大さじ1

水菜とじゃこのサラダ

水菜の食感がポイント。もし買ってきた水菜に元気がなかったら、水に5分ほど浸してください。

作り方

水菜は4cm長さに切る。ボウルにレモン汁、しょうゆ、ごま油を入れ、混ぜ合わせる。水菜とじゃこを加え、からめる。

子どもたちが大好きな味をキャンプでも

材料［ 4人分 ］

リーフレタス … ½枚
りんご … ½個
レモン汁 … ½個分
塩 … 1つまみ
オリーブオイル
… 大さじ1

りんごのサラダ

サラダにフルーツを入れるのがお気に入り。りんごの代わりにかんきつ類を使うこともあります。

作り方

リーフレタスは食べやすい大きさに手でちぎる。りんごは厚めのいちょう切りにする。ボウルにレモン汁、塩、オリーブオイルを入れ、混ぜ合わせる。レタス、りんごを加え、からめる。

column 04

いつもの食材が、深みのあるおいしさに!

燻製料理

時間をかけて、食材を煙でいぶす燻製料理。スモーキーな香りと深い味わいが特徴です。難しそうに思えますが、実は一度セットしたら、あとは放っておけばいい“ほったらかし調理”なんですよ。

初心者でも女子でも簡単!　燻製のプロセス

1

カセットコンロの上に燻製鍋を置き、鍋の中にアルミホイルを敷く。燻製鍋ではなく、中華鍋や深さのあるフライパンを使っても構わない。もちろん市販のスモーカー(燻製器)を使用してもOK。

2

1のアルミホイルの上にスモークチップ適量、ざらめ少々を順に散らし、軽く混ぜ合わせる。

3

焼き網をセットし、燻製にしたい食材を並べる。食材と食材はくっつけず、きちんと食材全体が煙でいぶされるよう、2〜3cm離して置く。

4

ふたをし、着火する。煙が出てきたら弱火にし、約10分いぶす。ただし食材ごとにいぶす時間は多少異なるので、ときどきふたを開けて、色づきを確認して。

5

食材全体が色よくなったらでき上がり。

AYUMI's

advice

燻製は、使うスモークチップによって、香りや色づきが違ってきます。今回は、どんな食材にも使え、しっかりと色と香りがつくサクラでいぶしました。クルミもオールマイティに使えるスモークチップなので、おすすめですよ。

覚えておくとちょっと楽しい!
代表的なスモークチップ

●リンゴ/柔らかい香りで上品な仕上がりになる。白身魚や鶏肉をスモークするのに向いている。

●ナラ、ブナ/やさしい香りで、色づきがいい。魚全般、チーズ、ウインナーのスモークに向いている。

OUTDOOR COOKING

お酒のおつまみに、
おやつに、具に♪

いろいろ燻製

燻製はそのまま食べるだけでなく、チーズならクラッカーにのせてもいいし、海鮮類はサンドイッチやおにぎりの具としても使えます。生で食べられるものは色と香りがつけばOK。お肉など生で食べられないものは、火の通りをしっかりチェックして。

はんぺん、チーズ、ナッツの燻製

材料［ 作りやすい分量 ］

はんぺん … 1枚
ベビーチーズ … 4個
ミックスナッツ … カップ½（100g）

作り方

1 はんぺんは4等分に切る。ナッツはアルミホイルを器形にしたものの中に入れる。
2 焼き網の上に**1**とチーズをのせてふたをし、いぶす。

※詳しい燻製の仕方は左ページ参照。

鮭の燻製

材料［ 作りやすい分量 ］

鮭（刺身用）… 1さく
塩、ドライバジル … 各適量

作り方

1 鮭に塩をふり、ドライバジルをまぶす。
2 焼き網の上に**1**をのせ、いぶす。

※詳しい燻製の仕方は左ページ参照。

たことたらこの燻製

材料［ 作りやすい分量 ］

ゆでだこ … 適量
たらこ … 2本

作り方

焼き網の上にたことたらこをのせ、いぶす。

※詳しい燻製の仕方は左ページ参照。

outdoor cooking

part

4

アウトドアクッキングの準備

さあ、いよいよキャンプへGO!
アウトドアクッキングは、何もないところに食材を持ち込み、キッチンを設営しなければなりません。そのため、前日からの準備がとても重要なんです。しかし何も考えずに用意すると、ものすごい量に！　ほかに必要なキャンプ道具が車にのらなくなってしまいますよ。だからこそ事前にしっかりメニューを決め、必要な道具だけを持っていくようにしましょう。

アウトドアクッキングに
必要な道具

“必要な道具” は、大きく分けると、調理道具・調理火気・食事に使用する道具・後片付けの道具の4つです。絶対に必要なものから、あると便利なものまで、私がいつもキャンプに持っていくモノたちを紹介します。

調理道具

包丁やまな板は、初心者でも忘れません。でも、木べらやお玉、ざるなどは忘れがち。私も最初の頃は、お玉を忘れたりして、スープがよそえず困ったこともありました（笑）。

□ 包丁とまな板

現地で野菜や果物を切ったりするのに不可欠。できるだけコンパクトサイズのものを持っていきます。

持ち運びの際には……

包丁は刃先が鋭利で危ないので、必ず布で包んで持っていきます。

□ 水タンク

テントを張った場所から、水場兼調理場が遠いこともあります。そのため、水タンクが必要。この水で調理をするし、手や食材も洗います。これは10ℓサイズのタンクですが、水場までの距離によっては、もっと小さいサイズのものを持っていきます。

□ キッチンばさみ

キャンプのときは出番が多いです。薬味を切ったり、油揚げ＆春巻きの皮を使った「のっけ焼き」(P32参照)や「チヂミ」(P34参照)を切り分けるときにも大活躍。

□ 菜箸

食材をつかむだけでなく、「チヂミ」(P34参照)の材料を混ぜたり、焼き物メニューを返したりする際に便利。

□ 木べら

焼きそばやカレーなどを作る際の “炒め混ぜる” 作業は、菜箸ではなく、木べらのほうが使いやすいです。

□ トング

炭火や焚き火を使う料理のときの必需品。火にあたっても溶けないステンレス製のものにしましょう。

□ ボウルとざる

混ぜたり、材料を入れておくのに必要なボウル。ざるはなくてもボウルで代用がききますが、野菜など食材を洗ったり、ゆでこぼしたりする際にあると便利です。

□ お玉

スープや煮込みなど汁けの多いものを作る際は、絶対必要です。忘れがちなアイテムなので、要注意。

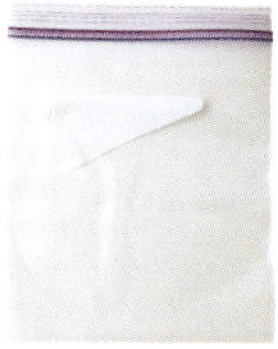

□ ファスナーつき保存袋

自宅で下処理をした野菜の保存や「マリネ焼き」(P30参照)の下味つけに便利。残った食材や料理の保存にも使えるので、必ず持っていきます。

□ ラップとアルミホイル

ラップは余った食材にかけたり、おにぎりを作る＆保存するときに。アルミホイルは、炭火＆燻製料理のときに重宝します。

□ クーラーボックス

クーラーボックスはいつも大きさ違いを2～3個持参。冷蔵食材、飲み物、食器＆調理器具を入れています。

□ 鋳物鍋

炊く、煮る、炒める、焼くがこれ一台でできるのがうれしい！　持ち手の部分も鋳鉄《ちゅうてつ》製で、火が直接あたっても平気なので、焚き火料理にも使えます。私は「ル・クルーゼ」の直径24cmのものを愛用。

持ち運びの際には……

割れたり、欠けたりしないよう、リネン（麻）のクロスに包んで持っていきます。本体とふたの間に、リネンをはさみ込みます。ふたをひっくり返すことで、コンパクトに。

あとは風呂敷き包みにします。ちなみに私の使っているリネンクロスは、「リベコ」のもの。大きさが80cm×60cmなので、直径24cmの大きな「ル・クルーゼ」の鍋もちゃんと包めます。

□ スキレット

スキレットとは鋳鉄製のフライパンのこと。これも鋳物鍋と同様、持ち手が熱で溶けない素材なので、焚き火料理に使えます。もちろん、カセットコンロだけで料理するなら、普通のフライパンでOK。

□ 手ぬぐい

手を拭いたり、水でぬれた調理台を拭いたりと、アウトドアクッキングでも、キッチン用のタオルが必要です。しかし、普通のタオルだと乾きが悪いしかさばるので、私はいつも手ぬぐいで代用。

AYUMI's advice

我が家はキャンプでよくパンも食べるので、パン切り包丁も持っていきます。また、ワインも必ず飲むので、ワインオープナーも。一度忘れてしまい、持っていったワインを飲めず、ショックだったことも。

調理火気

アウトドアクッキングに欠かせない調理火気ですが、初心者のうちは、家で使っているガスコンロと同じ感覚で使える、カセットコンロだけ用意すればいいと思います。慣れてきたら、バーベキューグリルや焚き火台を使って調理してみましょう。

初心者向け

□ カセットコンロ

家庭用ガスコンロは、風に弱いので、おすすめできません。私が愛用しているのは、「イワタニ」の「カセットフー マーベラス」。野外料理を楽しむために作られたカセットコンロで、風に強く、火力は抜群！ 実際キャンプで使ってみて、その使いやすさに驚きました。

中級者向け

□ バーベキューグリル

ここで言うバーベキューグリルは、チャコールグリル（炭火焼き用グリル）のこと。我が家は「コールマン」のものを7年愛用。炭火で焼くと遠赤外線の効果で、どんな食材もおいしく仕上がりますが、炭の火おこしや始末などの問題があるので中級者向けです。

上級者向け

□ 焚き火台

焚き火の火おこしはどこの家族もお父さんの担当。私もいつもまかせきりです（笑）。それだけに、女性が焚き火で料理をするというのは、かなりキャンプに慣れてから。ちなみに我が家は、鍋を置いてもグラつかず、安定感のある「ユニフレーム」の「ファイアグリル」を使っています。

食事に使用する道具

食べる際に必要なお皿やカトラリー。お皿は深さや大きさにバリエーションをつけて持っていくと便利です。

□ 箸とスプーン

アウトドア用として販売されているカトラリーは、フォーク＆スプーンの組み合わせ。でもやはり食べやすくて便利なのは、箸。だから、フォークを忘れることはあっても、箸とスプーンは忘れずに必ず持っていきます。

AYUMI's advice

キャンプに行くようになって、エコや環境のことをさらに考えるようになりました。割り箸も便利ですが、マイ箸を家族分持っていきます。

持ち運びの際には……

長さのあるかごに布を1枚敷き、その中へ箸、スプーン、フォークを入れて持っていきます。現地でもこのままテーブルの上に。

□ 木の皿

家でも使っている木のお皿は、キャンプ用としても大活躍。軽くて割れる心配がほとんどないので、外でも使い勝手がいいんです。いつも、直径35cmのトレーとしても使える大皿と、直径15cmの中皿を持っていきます。

□ 直径20cm くらいの皿

大人1人分のカレーやパスタが盛れるお皿を家族の人数分持っていきます。この大きさのお皿は、取り分け皿としても使いやすい大きさです。

□ 深皿

スープを食べるときには欠かせません。一度、平皿しかなくて無理矢理盛ったら、「食べにく～い」と子どもたちに不評でした。子どもはやはり深さのある器が持ちやすいし、食べやすいですよね。

□ コップ

必ず持っていくのは、「DINEX」（右）と「エマリア」のホーローマグ（左）。「DINEX」のマグは、ホットドリンクを入れても外側が熱くならないので、子どもたち用に。「エマリア」のマグは容量が入るので、スープを飲んだりするときにも使っています。

□ シェラカップ

シェラカップは、そのまま直火にもかけられるキャンプ用のカップのこと。我が家では、焚き火タイムのホットワインを作る際に欠かせません。また、目盛りがついているので、計量カップとしても使えます。

持ち運びの際には……

お皿もコップも割れにくいものばかりなので、あまり気を遣わず、かごにガサッと入れてキャンプに持っていきます。

後片付けの道具

汚れた調理器具や食後のお皿をそのままにしておくわけにはいきません。後片付けの道具も必要ですよ。

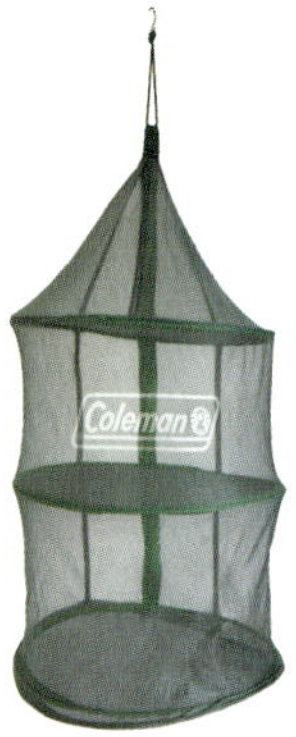

□ ハンギングドライネット

「コールマン」の商品「ハンギングドライネット」。テントやタープのポールに引っ掛け、洗った食器をこの中に入れておけば、自然乾燥するという、簡単に言うと“食器乾燥機”です。アウトドアクッキングの必需品です。

□ キッチンペーパー

調理のときも使いますが、食後、これでお皿をさっと拭くだけで洗い物の始末がかなりラクになります。

□ ラバーバケツ

軽くてこわれにくいバケツに、食べ終わった食器をどんどん入れていき、そのまま水場に持っていきます。テントと水場を何度も往復しなくて済みますよ。

□ 食器用洗剤・スポンジ・ゴム手袋

河川や海を汚さない「松の力」という洗剤を100円ショップの容器に詰め替えて持参。スポンジは、普段、手作りしているアクリル毛糸を編んだものです。また、キャンプ場の水場は、ほとんどお湯が出るところがなく、水も冷たいので、ゴム手袋を忘れずに。

使える＆便利な

調味料・食材

塩、こしょうなどの基本の調味料に、アレンジにきく食材をプラス。でも、つい欲張っていろいろなモノを持っていってしまうので、注意してください。

基本の調味料・だし類

□ 塩

私の料理は、塩だけで調味することも多く、塩は欠かせない調味料です。あまり辛みの強くない、マイルドな味わいの「粟《あ》國《ぐに》の塩」を瓶に入れて持っていきます。

□ こしょう

やはりひき立てがおいしいので、自宅で使っているミルごと持参。

□ しょうゆ

自宅で使っているしょうゆを小分けボトルに詰め替えて持っていきます。

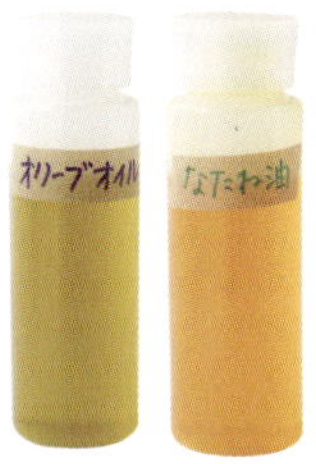

□ オイル類

料理によって使い分けているので、オリーブオイルと菜種油の2種類を用意。基本的には詰め替えますが、市販の小瓶タイプをそのまま持っていくことも。

□ だしパック、昆布、煮干し

だし類は、そのとき作る料理に合わせて選びます。でも、だしパックだけは応用性が高いので、必ず持参。

□ はちみつ

砂糖はほとんど使わないので、飲み物にも入れられるはちみつを甘味調味料代わりに。

AYUMI流 絶対持っていくもの

□ 自家製みそ

毎年、子どもたちと一緒に作るみそ。我が家のみそは、塩分控えめです。みそは汁物はもちろん、たれやディップを作るのにも重宝しますよ。

□ 自家製塩麹

私は、塩の代わりに塩麹を使うことが多いんです。麹特有の甘みがあるので、スープや炒め物の仕上げに使うと、やさしい味わいになります。

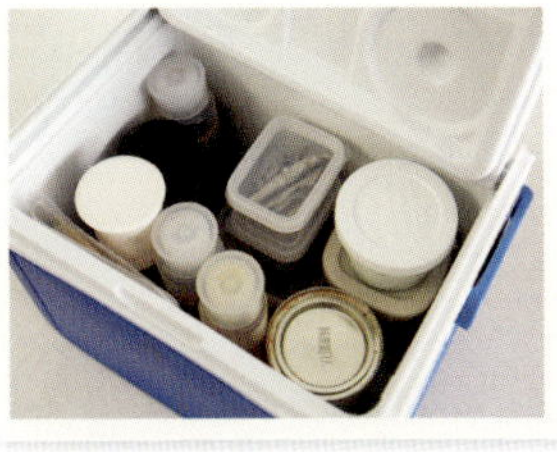

持ち運びの際には……

調味料は、キャンプを始めたばかりの頃に買った、アウトドア用のスパイスボックスに入れています。

アレンジに役立つ食材

□ 焼きのり

大判を4等分の大きさに切ったものを、ファスナーつき保存袋に入れて持参。「手巻きサラダ」（P58参照）はもちろん、「春菊のサラダ」や「水菜とじゃこのサラダ」（ともにP61参照）にちぎって散らしてもいいし、焼き餅やおにぎりにも使えます。

□ 餅

小腹が空いたときや、朝ごはんに、ご飯より手早く用意できるので助かります。焼いてのりで巻くだけのこともあれば、残ったスープに入れてもいい。子どもの「おなか空いた～！」に待った！はききませんから。

□ 梅干し

我が家はだんなさんが梅干しが好きなので、小さな保存容器に自家製梅干しを入れて持っていきます。疲労回復のためにそのまま食べることもあれば、炒め物のアクセントに使ったり、たたき梅にして焼き物やサラダに使うことも。

□ ショートパスタ

パスタよりもゆで時間が短く、小鍋でもゆでられるので便利。スープ類に入れたり、野菜と合わせればパスタサラダにもなります。

□ カレー粉

カレー粉を入れるとパンチがきき、すごく味が変わったように感じられるので、アレンジ用に便利。スープに入れたり、焼き物や炒め物にも活用できます。

□ ホールトマト缶

万が一メニューが思いつかないときは、とにかくこれを持っていき、あとは現地で買った野菜と合わせてラタトゥイユ（P45参照）にしてしまいます。パスタソースにも使えるし、スープのアレンジにもきく万能選手。

あれば便利な食材

□ ケチャップ

普段はあまり持ちませんが、バーベキューでソーセージを焼いたり、それを使ってホットドッグを作るときは持参。

□ レモン、ライム、イタリアンパセリ

小さなことですが、こうした“飾り要素”のある食材も、余力があれば持っていきます。見栄えもよくなるし、味もぐっと洗練されます。レモンとライムは水やお酒にしぼってもおいしくなりますよ。

AYUMI's **advice**

初心者は、上手にレトルトも使って

アウトドアクッキングは楽しいものですが、最初から全食作るとなると、大変なことも。市販されているレトルトのカレーやパスタソース、インスタントのラーメンやスープなども持っていってもいいと思います。いざというときには、これに頼ればいい、という“心の保険”も大切です。

食材の買い出しに行く前に

メニューを決めよう!

アウトドアクッキングは、クーラーボックスに入る分量しか材料を持っていけません。そしてその材料で上手にやりくりをしなければいけないので、最初のメニュー決めが “肝心” です。

余計な手間がかからないよう、効率のいいメニュー作りを

キャンプ場には、だいたいお昼前後に到着するので、当日の昼ごはんから考えます。

１日目の昼ごはんと晩ごはん、翌日の朝ごはん……と紙に書き出しながら、メニューを組み立てていきます。食材のムダがないか、余計な手間はかかっていないか、ここは残り物を使い回そうなど、その作業は、まるでゲームの「テトリス」のよう（笑）。でも、初心者は最初から３食全部作ろうとせず、市販品や外食などもうまく取り入れてくださいね。せっかく知らない土地まで行くのだから、地元のレストランに行くことも楽しみの一つになりますよね。

AYUMI's advice

キャンプ場は郊外や地方にあるので、朝はかなり早く出ます。そのため、出発の日の朝ごはんは車の中で食べることがほとんど。私はおにぎりやサンドイッチを作っていきますが、余力がないときは、コンビニエンスストアのおにぎりなどを利用してもいいと思います。

たとえば１泊２日 こんなメニューはいかが？

はじめてのキャンプは
初心者編①

【１日目・昼ごはん】

□ 根菜の塩麹スープ（P18参照）

□ パン

※本書の中でいちばん材料が少なく、料理のプロセスも少ないスープです。これに買ってきたパンを合わせて。もちろん、おにぎりもおすすめです。スープは翌朝に使い回すので、多めに作って残しておいてください。

【１日目・晩ごはん】

□ 野菜のほうとう（P48参照）

※ほうとうはこれ一つで野菜も主食もとれる大満足なメニュー。しかも材料を1つの鍋で煮込むだけで、汁を作り、麺を別にゆでる必要がありません。

【２日目・朝ごはん】

□ 根菜の塩麹スープをアレンジしてお雑煮風（P18参照）

※前日の昼ごはんに作ったスープの残りで、お雑煮風に。餅を焼くので、カセットコンロで使える焼き網（100円ショップやスーパーマーケットに売っています）を持っていくのを忘れずに。

作る手間は最小限に
初心者編②

【１日目・昼ごはん】

□ ミネストローネ（P15参照）

□ レタスのサラダ（P59参照）

□ パン

※ミネストローネには、これ以上ないほど材料も少なく簡単なサラダを合わせて。あとは買ってきたパンがあれば、充分です。また、ミネストローネは晩ごはんに使い回すので、多めに作っておきましょう。

【１日目・晩ごはん】

□ ミネストローネをアレンジしてミネストローネカレー（P15参照）

□ 鍋炊きご飯（P54参照）

□ ベビーリーフのサラダ（P59参照）

※お昼に食べたミネストローネにカレールウを加えるだけ。ベビーリーフのサラダは、簡単に言えばパックから出した材料を合わせるだけ。最後に削ってのせるパルメザンチーズは、かたまりで持っていけば、お酒のおつまみにもなりますよ。

【２日目・朝ごはん】

□ りんごのサラダ（P61参照）

□ フルーツ

□ パン

※パンは多めに持っていくと、ご飯や麺の代わりになるので、便利ですよ。食パンとハムを持っていき、「りんごのサラダ」を使ってサンドイッチにしてもいいですね！

バーベキューができるくらいになったら
中級者編

【１日目・昼ごはん】

□ しょうがたっぷり豚汁（P19参照）

□ 鍋炊きご飯（P54参照）

※ご飯は多めに炊いておきましょう。残ったご飯は、冷たくならないうちにおにぎりにしておいてください。晩ごはんに使います。

【１日目・晩ごはん】

□ 買ってきたもので簡単バーベキュー（P26参照）

□ ローストビーフ（P37参照）

□ 鍋炊きご飯をアレンジして焼きおにぎり

※昼ごはんの残りのご飯で作ったおにぎりは、焼きおにぎりにアレンジ！　豚汁も残っていたら、それも合わせれば、充分な量だと思います。余力があれば、サラダを作ると栄養バランスの取れた食事内容に。ローストビーフは、翌朝も使うので、少し残しておいてください！

【焚き火タイム】

□ チーズ＆ドライフルーツ（P38参照）

※器に盛るだけの簡単おつまみを。あとは持ってきたワインを楽しみましょう。

【２日目・朝ごはん】

□ ローストビーフをアレンジして
ローストビーフサンドイッチ

□ カットフルーツ

※前夜のローストビーフの残りと、リーフレタスやアルファルファなどをパンにはさんでサンドイッチに。

キャンプ用調理道具も増えてきた頃
上級者編

【１日目・昼ごはん】

□ 塩麹味の蒸し焼きそば（P36参照）

□ 手巻きサラダ（P58参照）

※テントの設営にも慣れ、時間的余裕が生まれると思うので、キャンプ場に着いてから、簡単なごはんを作るスタイルもおすすめです。

【休憩時間に……】

上級者になると燻製鍋を持っていたりするもの。お昼が終わって、子どもたちが遊び始めたら、ぜひここで燻製にチャレンジを。たらことたこ、チーズの燻製を作ります（P63参照）。

【１日目・晩ごはん】

□ 水炊き（P52参照）

□ 春菊のサラダ（P61参照）

※水炊きは、締めをうどんなどにしてしまえばラクちんです。「春菊のサラダ」のほか、「水菜とじゃこのサラダ」（P61参照）も水炊きに合います。

【焚き火タイム】

昼間作っておいた燻製をつまみながら飲みましょう。「缶ごとグリル」（P39参照）や油揚げの「のっけ焼き」（P32参照）もおすすめです。たらこの燻製は、翌朝も使うので残しておいてください。

【２日目・朝ごはん】

□ 鍋炊きご飯（P54参照）

□ みそ汁

※炊き上がったご飯に、前日に作ったたらこの燻製を入れ、おにぎりに。これに何か汁物があるといいので、みそ汁を作ります。時間がなければインスタントのみそ汁を利用してもいいと思います。

自宅でしていく
下準備＆下処理

キャンプのときのキッチンは、自宅に比べたらずっと手狭で不便なこともあります。だからこそ現地での手間を減らすため、前日、自宅で下準備や下処理を済ませておくことが大切です。これは、持っていくものを減らすことや、ごみを出さないことにもつながります。

メニューを決めたら、買い出し

メニューを決めたら（P72参照）、買い物リストを作り、買い出しに行きます。たとえ、キャンプ場のそばにスーパーマーケットがあったとしても、買いたい食材がないこともあります。そのため、とくに初心者は前日に買い物を済ませておくのが◎。

AYUMI's
advice

前日、夜遅くまで仕事で、買い出しにまったく行けないときも、もちろんあります。そんなときは無理せず、現地のスーパーマーケットや直売所を見て回り、楽しみながら、メニューを考えます。

調味料は小分けにする

塩、しょうゆ、オイルなどは小瓶や使いきりタイプのものも売っていますが、割高です。調味料も使い慣れた味のものを使いたいので、基本的には、普段、家で使っているものを小分けボトルやふたつき保存容器に移し替えて持っていきます。

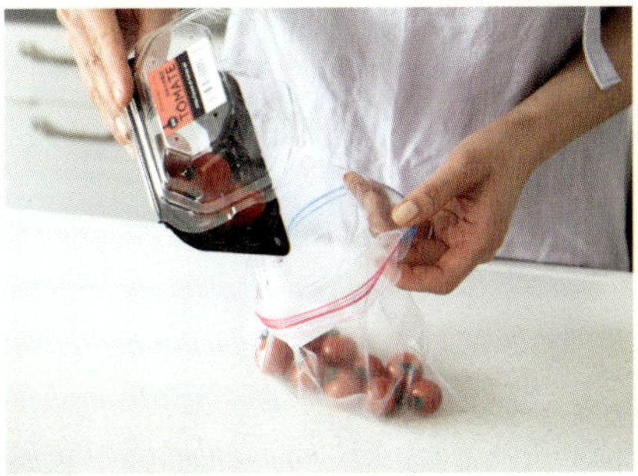

ケースやトレーははずす

ミニトマトやきのこなどが入っているケースやトレーははずし、ファスナーつき保存袋などに入れて持っていきましょう。ケースに入れたままだと、クーラーボックスの中で場所を取るし、最終的にはごみになり、帰りも荷物になってしまいます。

米は計量し、小分けにする

米も、必要な分だけ計量して持っていきます。作るメニューにより、２合炊くか、３合炊くか変わるので、小分けにするだけではなく、ポリ袋にマスキングテープを貼って、米の量を書いておきます。

野菜は皮をむく、切る

野菜は洗って皮をむき、作る料理に合わせた大きさに切ります。これをファスナーつき保存袋に入れ、クーラーボックスで現地に持っていきます。こうすると、現地ですぐに煮る、炒めるなどの調理に取りかかれます。葉物などの乾きが気になる野菜は、ぬらしたキッチンペーパーに包んでから、ファスナーつき保存袋に入れて。

ほぐす・ひげ取りなども済ませておく

きのこをほぐしたり、さやえんどうの筋やもやしのひげを取る作業も済ませておきます。もちろん、料理好きなキャンプ仲間と行くときは、現地でこういう作業をおしゃべりしながらするのも楽しいものです。でも、家族だけのときは現地でラクができるように、前日に済ませます。

キャンプ場に着いたら
まずキッチンを作りましょう！

キッチンはタープの下か木陰に作ります。写真はかなりのフル装備ですが、作る料理によってはバーベキューグリルを持っていかないこともあります。そのときどきに応じて、装備は替えてくださいね。

※ただし、バーベキューグリルはタープの真下に置かないように注意。炭がはねて、火の粉でタープに穴があくことがあります。

これがキッチンの全景です！

今回は、タープの下・手前にキッチンを作り、右手奥をダイニングにしました。この構成も、キャンプ場によって変わります。

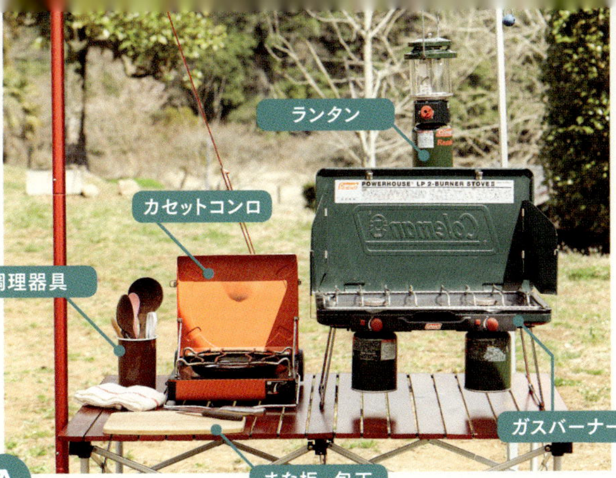

A

アウトドアクッキングの中心となる場所

テーブルの上には、右からガスバーナー、カセットコンロをセットしました。並びには、木べらや菜箸などの調理器具を入れたポットも置き、手前にまな板や包丁も用意しておきます。ここを中心として料理をするので、このテーブルの下にいろいろなものを置きます。

B

クーラーボックスはガス＆調理台のすぐ下に

カセットコンロなどを置いたガス＆調理台の下には、すぐ食材が取れるよう、クーラーボックスを2つ置きます。1つは野菜やお肉などの生ものや冷蔵品、もう1つには常温品を。

C

ラバーバケツは地面に置くのが使いやすい

汚れ物入れのラバーバケツは、使わないときは端によけていますが、調理が始まったら地面にセット。食事中だけでなく、調理中も汚れ物は出ます。だから使い終わった鍋や木べらをどんどん入れていき、ある程度たまったら洗いにいきます。

D

食器類もかごに入れ、すぐに手が届く場所に用意

できた料理をすぐに盛りつけられるよう、食器類もガス＆調理台のすぐ近くに置いておきます。割れない、もしくは割れにくい食器しか持っていかないので、いつもこんな感じに、ざっくりとかごに収納。

E

サブテーブルがあると便利

ガス＆調理台が狭いので、横にもう1つ小さいテーブルを置きます。ここには調味料、次に作る料理の材料や盛りつけるお皿、鍋を置いています。

おわりに

料理が大好きな私にとって、いつか、人の役に立つレシピ本を出すことは、長年の夢でした。

いざ、きちんとみなさんに読んでもらうレシピを作るとなると、どうしたらいいのかわからず、試行錯誤の毎日。
メニューを考えては試作し、レシピを起こしを繰り返し……。
「本にするんだから、もっとおしゃれで手の込んだ料理にしたほうがいいのかな？」
何度もそう思いました。
でも、私が毎日、家族のために作るごはんは、野菜たっぷりを心がけた、シンプルな調理法のもの。
だからこそ毎日、作り続けることができるんです。
キャンプに行っても、私が作るのはやっぱり自分らしいごはん。
気取ったり、見栄を張ったりせず、等身大の“AYUMI'sレシピ”にしました。

実はこの本に載せたレシピの多くは、キャンプ専用ではなく、我が家の毎日の食卓にも登場するものばかり！
なのでぜひ、キャンプだけではなく、ご自宅でも作っていただけたら、うれしいです♪

今回の本の撮影では、キャンプ場へロケにも行きました。
現場では、モデルをしながら、料理も作り、子どもたちの面倒も見て……と、私、頑張りました（笑）。初めての経験で不安もありましたが、いざ撮影が始まると、なんだか楽しくて♪

やっぱり私、自然の中で過ごすキャンプが大好き！
そして料理も本当に好きなんだな、とこのロケで、改めて自分の“好き”を確認することができた気がします。
私が思うアウトドアクッキングの醍醐味は、その季節の空気を感じながら、旬の素材を使い、シンプルな調理法で仕上げたごはんを、みんなで楽しく食べること。
なんて幸せで、贅沢な時間！
そんな時間を過ごすみなさんの、お役に立てるレシピ本となれたらうれしいです。
そしてみなさんの普段の暮らしにも寄り添えますように。

一緒にこの本を作っていただいた、キャンプ仲間でもある編集の児玉さん、簡単な私の料理をさっそく家族に作ってくれた講談社の篠原さん、食材の準備から調理、盛りつけまで１人でこなした私の心強いサポートとしてスタイリングを担当してくれた石黒さん。そして、カメラマンは、いつも大きな心で見守り、支えてくれているだんなさんが務めてくれました。みなさんのおかげでこの本を作ることができ、心から感謝しています。

我が家ではそろそろ、子どもたちとだんなさんの「キャンプ行きたいね」の声が聞こえてきそうですよ。

みなさんにとっても、アウトドアが楽しい時間となりますように☆
感謝をこめて。

AYUMI

AYUMI(あゆみ)

ファッション誌『non-no』の専属モデルとしてデビュー。結婚・出産を経た現在も、ファッション誌、ライフスタイル誌、テレビを中心にママモデルとして活躍中。そのナチュラルで誠実な暮らしぶりは、多くの女性たちの心を捉え、『ESSE』(扶桑社)では「AYUMIさんのこだわりクローゼット」、『LEE web』(集英社)では「AYUMIさんのしあわせのもと」を連載中。また、2013年に出版した『AYUMIのファミリーキャンプBOOK』(アスペクト)をきっかけに、キャンプモデルとして、多くのキャンパーたちの支持を得ている。最近ではキャンプにとどまらず、"ファミリー登山"も始めた。料理上手としても定評があり、ローフードマイスターの資格も取得。本書が初の「料理本」となる。

AYUMIオフィシャルブログ「やさしい暮らし」
http://ameblo.jp/ayunco96/

LEE web「AYUMIさんのしあわせのもと」
http://hpplus.jp/lee/mypage/ayumilee2013/clip/

ESSE web　厳選BLOGコレクション「あゆんこの巣」
http://blog.fujitv.co.jp/esseweb/ayunko/index.html

講談社のお料理BOOK
おしゃれなのに、簡単！ 92レシピ

AYUMI《あゆみ》のアウトドアクッキング

2015年7月13日　第1刷発行

著者　AYUMI《あゆみ》

発行者／鈴木 哲
発行所／株式会社 講談社　〒112-8001　東京都文京区音羽2-12-21
編集／03(5395)3527　販売／03(5395)3606　業務／03(5395)3615
印刷所／凸版印刷株式会社
製本所／株式会社若林製本工場

ISBN978-4-06-299642-6

調理・スタイリング／AYUMI
調理補佐・スタイリング／石黒裕紀
撮影／田中信吾
構成・編集／児玉響子(Koach & Wong)
デザイン／高橋デザイン室
衣装協力／モンベル
キャンプギア協力／サンセットクライマックス、岩谷産業、コールマン、ユニフレーム
食材協力／オイシックス株式会社